L'Abondance
pour débutants

Des stratégies simples pour créer la vie que vous souhaitez

Ellen Peterson

Traduit de l'anglais par
Jo-Ann Dussault

AD A
éditions

Éditeur : François Doucet
Traduction : Jo-Ann Dussault
Révision linguistique : L. Lespinay
Révision : Marie-Lise Poirier, Nancy Coulombe
Graphisme : Matthieu Fortin
Photo de la couverture : iStockphoto®
ISBN 978-2-89565-572-5
Première impression : 2007
Dépôt légal : 2007
Bibliothèque et Archives nationales du Québec
Bibliothèque Nationale du Canada

Éditions AdA Inc.
1385, boul. Lionel-Boulet
Varennes, Québec, Canada, J3X 1P7
Téléphone : 450-929-0296
Télécopieur : 450-929-0220
www.ada-inc.com
info@ada-inc.com

Diffusion
Canada :   Éditions AdA Inc.
France :   D.G. Diffusion
              Z.I. des Bogues
              31750 Escalquens-France
              Téléphone : 05-61-00-09-99
Suisse :   Transat - 23.42.77.40
Belgique :   D.G. Diffusion - 05-61-00-09-99

Imprimé au Canada

Participation de la SODEC.
Nous reconnaissons l'aide financière du gouvernement du Canada par l'entremise du Programme
d'aide au développement de l'industrie de l'édition (PADIÉ) pour nos activités d'édition.
Gouvernement du Québec - Programme de crédit d'impôt pour l'édition de livres - Gestion
SODEC.

À PROPOS DE L'AUTEURE

Ellen Peterson est psychothérapeute et guérisseuse intuitive. Elle offre des services de consultation individuelle, en couple, en famille ou en groupe depuis plus de quinze ans. Elle est propriétaire du AVENUES Counseling Center, à Ithaca, dans l'État de New York.

Elle est aussi l'auteure de *Choosing Joy, Creating Abundance: Practical Tools for Manifesting Your Desires*. Elle adore enseigner aux gens à attirer l'abondance dans leur vie et offre un atelier sur l'abondance appelé *EnRiching Your Life*. Elle anime aussi des retraites de croissance personnelle. Pour plus d'information sur Ellen Peterson et ses ateliers, vous pouvez consulter son site : **www.ellenpeterson.com**.

Membre de la National Association of Social Workers et de la Heart-Centered Therapies Association, Ellen Peterson a accordé de nombreuses entrevues à la télévision et à la radio.

TABLE DES MATIÈRES

REMERCIEMENTS

Je tiens d'abord à remercier Dieu pour m'avoir aidée à réaliser un autre rêve. Il continue d'être le meilleur co-auteur qui soit.

J'aimerais exprimer ma gratitude à ma famille immédiate : Jamie, Kelci et Marissa, qui m'offrent tout l'amour et le soutien dont j'ai besoin pour réaliser mes rêves. Je remercie aussi mes parents, Charles et Doris Peterson, pour ce don de la vie qui m'apporte des occasions infinies d'apprendre et d'enseigner.

Je suis également reconnaissante de l'amour qui m'est offert par mes sœurs et mon frère, Maureen Hanak, Barry Peterson et Karan Cooney, et leurs enfants, à qui je dédie affectueusement ce livre : Steven, Joshua et Timothy Hanak ; Kristen Garcia ; Kerri D'Amico ; Steven, Lisa, Jeff et Jackie Peterson ; et Brianna et Richard Cooney. J'espère que ce livre vous guidera sur la voie de l'abondance et vous permettra de jouir d'une vie prospère et satisfaisante.

Je souhaite aussi remercier mes nombreux clients et clientes et particulièrement ceux et celles qui ont parcouru avec moi le chemin de la transformation dans le cadre de mon atelier *Personal Transformation Intensive*mc. Nous avons ensemble surmonté les obstacles qui nous empêchaient de profiter de toutes les possibilités offertes par la vie. Merci à l'équipe dévouée des éditions Llewellyn Worldwide, qui m'a donné l'occasion d'écrire et de créer comme je n'aurais jamais cru pouvoir le faire. Je tiens spécialement à remercier Karen Howarth pour son expérience créatrice autant dans l'écriture que dans l'art de profiter de la vie. Grâce à elle, le processus d'écriture s'est avéré des plus agréables.

Que votre vie personnelle et professionnelle soit paisible, heureuse et prospère. Que votre chemin soit parsemé de nouvelles occasions de créer une vie dans laquelle tous vos rêves deviennent réalité !

INTRODUCTION

Je crois qu'avec les efforts appropriés, nous pouvons transformer l'avenir tel que nous le désirons.

Charles F. Ketterling

Vous voilà arrivé à une croisée des chemins. Votre vie vous a emmené à un nouveau point de départ et vous devez maintenant choisir une nouvelle direction. Nous disons souvent à une personne qui vit un nouveau commencement : « C'est le plus beau jour de ta vie ». Même si c'est vrai, il y aura aussi beaucoup d'autres moments merveilleux qui seront tout aussi remarquables. La remise d'un diplôme, un mariage, l'achat d'une maison neuve, la naissance d'un enfant, une promotion au travail, un déménagement dans une autre ville et le lancement d'une entreprise constituent tous des moments merveilleux dans chacune de nos vies.

Les nouveaux départs ont toujours quelque chose d'excitant et d'effrayant à la fois : ce sont des moments de création. Des moments de rêver et d'envisager votre vie idéale. De plus, les choix effectués à ces croisées des chemins auront un immense impact sur votre vie. Votre vie sera-t-elle facile ou surmontée d'épreuves ? À une croisée des chemins, vous vous apprêtez à vous lancer dans une aventure formidable.

Vous éprouvez de l'excitation et de l'appréhension. Quelle direction prendre ?

Certaines personnes s'accrochent à des rêves qu'elles ont depuis leur tendre enfance. Elles ont une idée précise de leur mariage ou de leur emploi idéal. Elles s'imaginent le nombre d'enfants qu'elles auront et la famille qu'elles formeront. Il est facile de rêver pour les personnes visuelles, car elles parviennent aisément à visualiser leurs rêves et leurs désirs jusque dans les moindres détails. Ce n'est cependant pas le cas d'un grand nombre de gens.

Est-il important d'être capable de visualiser vos rêves ? La réponse dépend de vous. La vérité est que vous possédez des désirs. Il y a sûrement une foule de choses que vous souhaiteriez attirer dans votre vie — que ce soit de l'argent, un emploi significatif, une relation amoureuse stable, une maison ou une plus belle automobilee, une vie satisfaisante, de la joie et un sentiment d'accomplissement. Pour initier le processus, vous n'avez qu'à vouloir attirer une vie prospère. C'est aussi simple que de *vouloir* jouir de l'abondance.

L'abondance pour débutants marque le début d'un merveilleux voyage vers une vie agréable et prospère. Ce livre vous aidera étape par étape à réaliser vos rêves et vos désirs et à créer une vie d'abondance.

Les rêves partent d'une idée simple. Êtes-vous capable de vous accrocher à une idée ? Avez-vous une idée de ce que vous souhaiteriez posséder et expérimenter dans votre vie ?

Nul doute que quelque chose de merveilleux est sur le point de se produire.

PREMIÈRE PARTIE

Oui, l'abondance est possible !

Au-delà de la chance du débutant

**Le destin n'est pas une question de chance ;
c'est une question de choix.**

William Jennings Bryan

Vous êtes un débutant en matière d'abondance. Et comme bon nombre de débutants, ce simple fait vous met mal à l'aise. Vous préféreriez déjà savoir comment accomplir une chose plutôt que de devoir l'apprendre. Les débutants éprouvent de l'anxiété et de l'incertitude face à la marche à suivre et aimeraient mieux passer à l'étape suivante, c'est-à-dire savoir déjà quoi faire, afin de ne pas éprouver les sentiments négatifs associés au statut de débutant. Certaines personnes vont peut-être même sauter ce premier chapitre pour trouver des réponses immédiates. Elles ne veulent pas *apprendre* à accomplir une chose. Elles veulent simplement être capables de la faire.

Voilà le genre de comportement propre aux gens qui n'aiment pas lire les instructions. Ils ne veulent qu'assembler l'objet, sans devoir lire la *marche à suivre*. Pour éviter leur embarras, ils s'empressent d'agir au risque d'être confrontés à ce qu'ils craignent le plus : l'échec. Quand ils commettent une erreur, ils perdent du temps à refaire ce qu'ils ont fait incorrectement et se mettent en colère contre eux-mêmes parce qu'ils ne savent pas comment assembler l'objet.

Cette attitude mène tout droit à l'échec. La plupart des gens ont peur d'échouer, de commettre une erreur et de tout rater. La peur les empêche de courir les risques nécessaires pour réussir. Mais il faut bien que le succès commence quelque part. Toutes les personnes qui ont réussi ont d'abord été des débutants dans leur champ d'expertise.

Le débutant n'est pas qu'une personne qui manque de connaissances. En fait, il est bien plus que le savoir qu'il possède ou ne possède pas. Le débutant est quelqu'un qui s'apprête à vivre une nouvelle expérience. C'est quelqu'un qui se lance dans une nouvelle aventure. Les débutants sont prêts à essayer quelque chose de nouveau, comme parcourir les États-Unis ou courir un marathon. Ils sont inexpérimentés et ne possèdent donc pas les mêmes compétences qu'une personne qui a accompli une chose à de nombreuses reprises. De même, le qualificatif de débutant est souvent associé à l'âge. En effet, nous avons tendance à présumer qu'un jeune est nécessairement un débutant.

Dans le contexte de ce livre, le débutant se définit simplement comme une personne qui possède peu ou pas d'expérience avec le concept d'abondance. Que vous ayez vingt-deux ou quatre-vingt-deux ans, vous en êtes à vos premiers balbutiements lorsqu'il s'agit de comprendre et d'attirer l'abondance. Et comme pour la plupart des choses de la vie, il est important de commencer par le commencement, car les débuts sont importants : ils permettent de créer une base solide pour la suite. Ils vous aident à vous préparer et à acquérir les connaissances nécessaires pour accomplir de grandes choses.

La première étape de votre voyage vers la prospérité est de vous donner la permission d'être un débutant. C'est d'ailleurs ainsi que vous avez commencé dans tous les aspects de votre vie. Vous étiez débutant quand vous avez appris l'alphabet et les règles de mathématiques. Vous étiez aussi débutant quand vous avez appris à conduire une bicyclette. Vous étiez débutant lors de votre premier emploi. Il n'y a rien de mal à être débutant. Cela ne signifie pas que vous n'êtes pas intelligent, mais que vous êtes en train d'apprendre.

Le monde regorge d'expériences à vivre. Osez essayer quelque chose de nouveau. C'est ainsi que vous découvrirez ce que vous aimez et n'aimez pas, ainsi que vos forces et vos faiblesses. La vie est une école et vous êtes le nouvel élève de la classe. Il est temps d'apprendre de nouvelles choses.

Accueillez avec joie les nouveaux départs ! Après tout, il y aura toujours quelque chose de nouveau à explorer, à découvrir et à expérimenter dans votre vie.

Pour attirer l'abondance, il est préférable de commencer par le commencement. Le débutant se lance toujours dans une aventure avec un regard neuf. Il est excité et enthousiaste face à l'avenir. Il a hâte d'apprendre et d'appliquer ce qu'il a appris de manière créative. L'empressement et l'enthousiasme sont donc des ingrédients clés pour créer une vie prospère.

Rappelez-vous d'autres expériences où vous étiez débutant. Avez-vous déjà été un danseur ou un joueur de guitare débutant ? Avez-vous déjà débuté en art ou en théâtre ? Vous avez déjà connu une foule d'expériences en tant que débutant. Comment vous sentiez-vous alors ? Étiez-vous intimidé ? Vous sentiez-vous ignorant ? Aviez-vous hâte d'obtenir des réponses ou évitiez-vous de poser des questions ? Comment avez-vous composé avec la situation ? Examinez les sentiments positifs associés au fait d'être débutant.

Les débutants sont souvent traités différemment des personnes expérimentées. Par exemple, lorsque vous avez pris des leçons de conduite, les gens étaient sans doute plus prudents ou indulgents face à vos compétences en matière de conduite automobile. L'élève au volant reçoit une attention particulière. En étant identifié comme débutant, vous aurez peut-être droit à certains privilèges dont les autres « qui devraient savoir » ne bénéficient pas. Un peu comme si vous aviez la permission d'apprendre de vos erreurs — un droit qui est peu valorisé dans notre culture.

Quand vous débutez et commettez une erreur, vous profitez de la compréhension ou de la compassion des autres : « Il est encore en train d'apprendre. » Et si vous réussissez, les gens disent que c'est sûrement dû au hasard. Par exemple, imaginez que votre oncle vous enseigne à jouer au poker et que vous remportez les trois premières mains.

Comment cela a-t-il pu arriver ? Pour les gens, ce n'est qu'une question de chance, étant donné que vous êtes un néophyte à ce jeu. La première fois que vous réussissez dans quelque chose de nouveau ou de peu familier, votre succès est attribué à la chance du débutant.

Même s'il est agréable de bénéficier de la chance du débutant, ce n'est que temporaire. La chance ne dure pas indéfiniment : elle a bel et bien une fin. Ainsi, vous risquez de ne pas être aussi chanceux la prochaine fois que vous jouerez au poker. La chance est aléatoire. Et le hasard est souvent en jeu lorsque vous obtenez un résultat souhaité. Aucune habileté ou stratégie n'est requise. Il y a des gens qui gagnent à la loterie, accumulent beaucoup d'argent et des biens matériels puis perdent presque toute leur fortune. Leur chance les a quittés. Ces gens n'ont pas su conserver la bonne fortune dans leur vie. Voilà la différence entre la chance et l'abondance. L'abondance excède tout ce que vous pourriez obtenir par hasard.

Les jeunes et les vieux adhèrent à la philosophie que la richesse et la prospérité reposent sur la chance. La prospérité ne résulterait-elle que du hasard ? Pourriez-vous vivre dans l'abondance sans pour autant être chanceux ? Pourquoi pas ? Certaines gens y parviennent. L'abondance ignore si vous avez de la chance ou non dans la vie.

L'abondance est typiquement associée aux riches : en effet, ce sont prétendument les gens riches et prospères qui vivent dans l'abondance, qui possèdent « tellement de biens qu'ils ne savent plus quoi en faire ». Ces gens peuvent obtenir tout ce qu'ils désirent. Ils peuvent faire tout ce qu'ils veulent parce qu'« ils ont de l'argent ». D'après la perception des autres, ils font la belle vie, possèdent de belles maisons et des automobiles de luxe. Ils vont en vacances dans des endroits exotiques comme les îles Fidji. Bref, l'abondance est synonyme d'argent et de richesse.

La personne moyenne peut à peine imaginer cette forme d'abondance. *Comment ont-ils réussi ? Quel est leur secret ?* La plupart des gens souhaitent posséder davantage de biens matériels. La vie des gens riches et célèbres les intrigue et suscite même de l'envie. Ils se demandent à quoi peut ressembler une telle vie d'abondance :

> *Félicitations ! Vous venez de remporter une magnifique vie d'abondance ! Que comptez-vous faire maintenant ? Où allez-vous vivre et avec qui ? Quelle sorte de voiture allez-vous conduire ? Vous avez maintenant l'embarras du choix. Vous pouvez créer la vie que vous souhaitez.*

Pouvez-vous imaginer vous réveiller un matin et recevoir la nouvelle que vous avez gagné non pas l'automobile de vos rêves mais la *vie* de vos rêves ? Tout ce dont vous avez toujours rêvé et désiré serait à votre portée ! Envie de vous inscrire au concours ?

Voilà le genre de rêve qui motive les gens à réussir. Même si vous êtes débutant en matière d'abondance, vous voudrez sûrement faire comme beaucoup d'autres personnes qui partagent le même désir de vivre dans la richesse et l'abondance. Les loteries font des affaires d'or parce que les gens acceptent d'investir un dollar dans l'espoir de remporter le gros lot. Jouez-vous à la loterie ou achetez-vous des billets de loterie instantanée ? Espérez-vous devenir riche un jour ? Si oui, vous faites partie des millions de gens qui aimeraient vivre dans l'abondance. Cependant, la plupart des gens ne savent pas comment l'attirer ni en profiter. Si vous aviez plus d'argent que vous ne pouviez en compter, que souhaiteriez-vous posséder ?

La plupart des gens veulent posséder davantage, mais utilisent rarement le mot « abondance » dans leur vocabulaire de tous les jours. Peut-être souhaitez-vous avoir une plus belle automobile, un meilleur emploi ou vous offrir des vacances en famille. Et pourquoi pas, si vous en avez les moyens. Pourquoi ne pas vous accorder ce que vous désirez ? Rien ne vous empêche d'avoir ce que vous voulez dans la vie.

Vos rêves défilent sous vos yeux et vous êtes sur le point de fusionner avec le monde. Il y a tant de possibilités qui s'offrent à vous, de rêves et de désirs à réaliser.

Peut-être souhaitez-vous partager votre vie avec quelqu'un dans une relation basée sur la tendresse et le respect. Peut-être désirez-vous une plus belle maison. Ou souhaitez-vous avoir des enfants, que ce soit maintenant ou plus tard. Vous désirez sûrement une carrière idéale qui vous offre un bon salaire et une vie confortable. Vous voulez réussir votre vie et ne pas commettre les mêmes erreurs que les autres. Vous souhaitez vous lancer dans l'aventure de la vie et démontrer vos habiletés, et vous avez hâte de montrer aux autres ce que vous pouvez faire. Puisque vous voulez suivre votre propre voie, pourquoi ne pas laisser l'abondance en faire partie ?

Qu'est-ce que l'abondance ?

D'après Le nouveau Petit Robert de la langue française, l'abondance se définit comme une « grande quantité, quantité supérieure aux besoins ». La plupart des gens associent l'abondance à l'argent, mais il s'agit de bien plus que cela. C'est un mode de vie. L'abondance signifie avoir ce que vous désirez dans la vie, en grande quantité. Vous pouvez jouir de tout ce que vous voulez — d'une belle auto, d'une bonne éducation ou de vacances d'été à l'étranger.

Gaspillez-vous beaucoup d'énergie émotionnelle à vous inquiéter à propos de vos finances ? Si vous disposiez de ce dont vous avez besoin, continueriez-vous de vous inquié-

---

1. N.d.T. : Dans le livre anglais, l'auteure se réfère au Webster's Deluxe Unabridged Dictionary.

ter ? L'abondance est une question d'attitude. C'est savoir que vous possédez tout ce dont vous avez besoin. Si vous saviez que tout ira pour le mieux, cesseriez-vous de vous inquiéter ? L'abondance, c'est savoir que vos besoins seront toujours comblés.

L'abondance, c'est posséder plus que vous ne pouvez compter. Il peut s'agir de temps, d'argent, d'expériences, de joie, de bonheur, de sécurité, d'accomplissement et bien plus encore. L'abondance peut aussi faire référence au fait de :

- Posséder la tranquillité d'esprit
- Avoir le temps de faire ce que vous voulez
- Occuper un emploi que vous aimez
- Passer du temps avec votre famille et vos amis
- Posséder ce dont vous avez besoin
- Réaliser facilement vos rêves
- Ne plus avoir à vous inquiéter
- Avoir du temps pour vous-même
- Éprouver un sentiment de reconnaissance
- Vous sentir bien dans votre peau
- Aimer la vie

Les gens ont différentes définitions de l'abondance, selon leurs désirs et leurs expériences de vie. Pour certains, l'abondance signifie simplement avoir suffisamment d'argent pour payer les factures. Il faut dire que les générations d'autrefois parlaient rarement d'abondance. La plupart avaient « juste de quoi vivre ». Les gens de ces générations étaient habitués à se priver et auraient été mal à l'aise de vivre dans l'abondance, car celle-ci faisait référence à posséder davantage que ce dont on a besoin pour vivre.

L'abondance signifie avoir ce que vous désirez dans la vie. C'est profiter de belles choses et de belles expériences. C'est la liberté. La joie. L'abondance procure du contentement.

Il faut dire que la vie regorge d'abondance — de plus que ce dont vous avez besoin, que vous pourriez utiliser et désirer. L'abondance, c'est profiter de tout ce qui est bon dans la vie. L'abondance est un droit à la naissance. Le fait d'exister sur cette planète est une invitation à vivre dans l'abondance. C'est un droit fondamental. Car toute la vie existe en abondance. Vous n'avez qu'à regarder autour de vous. Remarquez les arbres, le ciel, l'herbe, les montagnes, les lacs, les océans et les gouttes de pluie.

Tout n'est qu'abondance et pourtant la plupart des gens ignorent ce fait. Ils croient que l'abondance est limitée, qu'elle n'est réservée qu'aux autres et non à eux. Vous êtes pourtant entouré d'abondance ! Les signes sont partout. Chaque arbre possède une quantité innombrable de feuilles et de branches. Et il est impossible de compter tous les brins d'herbe et les étoiles dans le ciel. La nature nous rappelle constamment que nous avons le droit de vivre dans l'abondance. Regardez autour de vous !

Oui, l'abondance est possible. Elle pourrait cependant ne pas prendre la forme que vous pensiez. Bien qu'il arrive à certains de remporter le gros lot à la loterie, la plupart des gens jouent sans jamais gagner. Vous seriez surpris de lire les probabilités qui sont inscrites au dos d'un billet de loterie. Les chances de vous réveiller riche comme Crésus sont très minces.

Vos parents avaient donc raison. Vous devez travailler pour réussir et vivre dans l'abondance. Vous ne pouvez pas vous tourner les pouces et attendre que cela se produise. N'attendez pas le décès de quelqu'un pour connaître la prospérité. La véritable prospérité vient de l'argent que vous avez gagné à la sueur de votre front et non de celui dont vous avez hérité.

Il y a peu de chances que quelqu'un vous tende un jour les clés de votre bonne fortune — celles de votre maison, de votre automobile ou de votre vie idéale. C'est *à vous* de créer votre chance. Comme le potier qui façonne une simple motte d'argile pour créer une œuvre d'art, vous pouvez utiliser de simples stratégies pour créer la vie que vous souhaitez. Et vous pouvez commencer dès aujourd'hui à construire une vie prospère. Car l'abondance est une chose que vous attirez plutôt qu'une chose avec laquelle vous naissez. Elle est donc accessible à quiconque la désire. Rappelez-vous que la véritable abondance va bien au-delà de la chance du débutant. Vous êtes assis au centre de votre propre roue de fortune. Il suffit d'apprendre à créer l'abondance dans votre vie. Comme un aimant, sachez attirer la bonne fortune et l'abondance. Pourquoi attendre encore ? Le moment est venu. Entrez sur la voie de la prospérité. C'est aussi simple que 1... 2... 3...

1. Commencez sur des bases solides.
   J'ai le droit de vivre dans l'abondance.

2. Sachez que l'abondance est déjà présente autour de vous.
   Je suis entouré d'abondance.

3. Sachez aussi qu'il est possible de vivre dans l'abondance.
   Je vis dans l'abondance.

Que signifie être un débutant en matière d'abondance ? Cela signifie que bien que vous sachiez à quoi *pourrait ressembler* l'abondance, vous devez apprendre à la créer. Vous êtes un débutant qui recherche l'information nécessaire pour connaître l'abondance dans votre vie. Vous savez maintenant que cela n'a rien à voir avec la chance. Mais ne craignez rien ; la chance continuera de vous sourire, mais vous n'en avez pas besoin pour vivre la vie de vos rêves. L'abondance est un mode de vie que *vous* créez. Vous trouverez dans les chapitres suivants les renseignements de base dont vous avez besoin pour attirer l'abondance dans votre vie.

Le tapis rouge est déroulé. Vous êtes invité à avancer vers votre vie d'abondance. Inutile de courir, vous risqueriez de trébucher. Avancez à un rythme raisonnable pour apprendre et vivre à votre aise. Et puis, finalement, inutile de vous souhaiter bonne chance. Vous n'avez qu'à profiter de la vie !

CHAPITRE DEUX

L'esprit d'abondance

Tout ce que j'ai vu m'apprend à faire confiance au Créateur pour tout ce que je n'ai pas encore vu.

Ralph Waldo Emerson

Tout comme la souris qui circule dans un labyrinthe se demande où elle est et comment elle parviendra à l'endroit désiré, vous vous demandez sûrement comment vous parviendrez à créer une vie d'abondance. Dans le labyrinthe, le champ de vision de la souris est limité. Elle ne peut voir que ce qui se trouve directement devant elle. Elle n'a qu'un seul but : parvenir à l'autre bout du tunnel. Elle n'a donc aucune idée de ce qui l'attend. Cela vous semble familier ? Êtes-vous inquiet de ce que la vie vous réserve dans l'immédiat alors que vous n'avez aucune vue d'ensemble ?

Sur le chemin de l'abondance, vous pourriez facilement devenir obsédé par votre situation immédiate. Qu'est-ce qui vous empêche de progresser dans la vie ? Votre situation financière ou une relation particulière vous donne-t-elle des soucis ? Éprouvez-vous des ennuis au travail ? Il ne vous suffit pas de croire que votre vie s'améliorera, vous voulez connaître les détails. Que va-t-il se produire ? *Comment* ? Allez-vous vous marier et avoir des enfants ? Allez-vous continuer de vivre dans votre lieu de naissance ou déménager dans une autre localité ? Réussirez-vous votre carrière ? Tant de questions et si peu de réponses.

C'est peut-être la raison pour laquelle les gens vont consulter des voyants et des médiums. Ils veulent savoir ce que la vie leur réservera. Et surtout, ils veulent être rassurés que tout ira bien. Ils veulent savoir d'avance que tout se déroulera à merveille : *qu'ils vivront heureux jusqu'à la fin de leurs jours. Fin.*

Comme dans les dédales du labyrinthe, la vie consiste en une série d'obstacles, de défis et de limites. Et tout comme la souris, il y a des moments où vous vous sentez piégé et confus. Quelle direction devriez-vous prendre ? Quelle direction *pouvez-vous* prendre ? Vous cherchez votre voie. Et il vous arrive de vous sentir frustré et dépassé par les événements. N'existe-t-il pas une solution plus simple ? Devez-vous vous cogner à tous les murs avant d'arriver à la destination désirée ? La réponse est non.

Bien sûr, la plupart des gens rencontrent des obstacles. Ils choisissent le parcours de vie le plus long et souvent le plus difficile. Ils connaissent de nombreux malheurs et tourments. Heureusement, même s'il est plus courant pour l'être humain de se cogner à des murs, il existe d'autres façons de progresser dans la vie.

Comment pourriez-vous vous faciliter la vie ?

Imaginez si la souris pouvait grimper sur une échelle et voir de l'autre côté du mur du labyrinthe. Comment cette nouvelle perspective simplifierait-elle son trajet ? Du haut de l'échelle, elle aurait une vue d'ensemble du labyrinthe et son désespoir serait remplacé par un sentiment d'encouragement. La souris pourrait maintenant voir ses chances de réussite. Elle pourrait songer à un plan pour avancer plus rapidement et plus facilement dans le labyrinthe, avec pour résultat qu'elle passerait moins de temps à s'inquiéter et plus de temps à planifier son trajet.

Imaginez maintenant que le labyrinthe soit votre vie et que vous êtes la souris. Les murs représentent les situations auxquelles vous êtes confronté et qui vous empêchent d'avancer. Ils symbolisent les obstacles que vous ne parvenez pas à franchir. Peut-être n'avez-vous pas été admis à un cours particulier, votre automobile refuse de démarrer ou votre patron est fâché contre vous. Vous réagissez avec crainte et incertitude. Que faire ? Bien que les murs vous tracent la voie, ils n'offrent que deux directions. Ou vous avancez ou vous reculez. Et pourtant la peur vous empêche de prendre une décision et d'avancer dans l'une ou l'autre des directions. Au lieu d'agir, vous vous convainquez que vous ne pouvez rien faire ou que vous ignorez comment procéder.

Les obstacles n'ont pas pour but de vous abattre, mais de vous rendre plus fort.

Les obstacles semblent souvent intimidants. Il est normal de vouloir les éviter et d'espérer qu'ils disparaîtront de votre vie. Cependant, comme le labyrinthe, ils ont aussi un but. Quel message se cache derrière les obstacles ? Pourquoi vous sentez-vous bloqué ? Ignorez-vous des détails importants ? Avez-vous peur d'avancer ? Cessez de vous attarder sur le fait qu'il y a un mur devant vous et continuez d'avancer. Foncez. Si vous êtes le genre d'individu qui a tendance à figer sur place, lisez le livre à succès *Qui a piqué mon fromage ?* de Spencer Johnson. Cette histoire délicieuse vous aidera à explorer votre façon d'aborder la vie. Vous devez reconnaître l'existence des obstacles qui vous empêchent de progresser et découvrir ce qu'ils peuvent signifier.

En effet, il est possible d'attribuer différentes significations et interprétations au mur auquel vous faites face présentement. Par exemple, il pourrait symboliser votre capacité de tirer parti de ce qui se passe actuellement dans votre vie ; une chose que les gens négligent souvent de faire. En effet, ils sont programmés à regarder toujours plus loin et se privent ainsi de données utiles. Ils se sentent alors frustrés et malheureux des circonstances parce qu'ils essaient d'atteindre un autre but. Ils considèrent les circonstances présentes de leur vie comme des obstacles qui les empêchent de vivre une nouvelle expérience. Ils considèrent ce mur comme une pierre d'achoppement plutôt que comme un tremplin.

Les murs servant d'obstacles sont souvent d'ordre physique et matériel. Et les gens gaspillent beaucoup de temps et d'énergie à essayer de résoudre ce genre de problème. Ils s'inquiètent à propos de l'argent et des comptes à payer. Ils s'inquiètent de ce qui pourrait arriver ou ne pas arriver. Ils doivent mettre de l'essence dans l'automobile et aller acheter du détergent à lessive. Ils deviennent irrités quand ils ne trouvent pas leurs clés d'auto et déprimés quand leur partenaire rompt avec eux. Ce sont tous là des aspects physiques de la vie : les éléments que vous pouvez voir, toucher et sentir. Et pourtant, la vie comporte beaucoup plus que ce que vous pouvez expérimenter sur le plan physique.

Explorez les autres dimensions de la vie.

L'être humain est composé de différents aspects : l'aspect physique (le corps), l'aspect émotif (les sentiments), l'aspect intellectuel (l'esprit) et l'aspect spirituel (l'âme). Bien que certains de ces éléments soient visibles à vos yeux et à ceux des autres, il y a certaines parties de vous que vous seul connaissez. L'âme est l'essence spirituelle d'une personne, une composante subtile de qui nous sommes. Elle peut être dynamique, comme chez l'individu dont la réalité quotidienne comporte une dimension spirituelle. L'âme peut aussi être endormie, comme c'est le cas chez l'individu qui n'est pas conscient de son existence ou qui manque de connaissances sur le sujet.

La spiritualité offre une plus grande perspective.

Que diriez-vous d'avoir une vue d'ensemble de votre vie à mesure qu'elle se déroule sous vos yeux ? Imaginez comment ce serait de savoir dès le départ que tout ira bien. N'auriez-vous pas alors l'esprit tranquille pour avancer dans la vie ?

La spiritualité vous donne accès à une dimension supérieure et vous permet de voir les complexités et les détails de la vie dans une plus grande perspective. Vous obtenez ainsi une vision globale de la vie, avec une perspective beaucoup plus spirituelle. Dans votre quête d'abondance, jetez un coup d'œil autour de vous. Regardez devant vous et derrière vous. Puis, enfin, regardez là-haut.

Beaucoup de gens sont intimidés par la spiritualité. Ils sont réticents à tourner leur regard vers la dimension supérieure. Ils se sentent plus à l'aise dans la dimension physique : avec ce qui est tangible, ce qu'ils peuvent voir et toucher. Il faut dire que la spiritualité est vague et ambiguë. Elle est difficile à comprendre, et il existe de nombreuses croyances et interprétations. Voilà pourquoi certaines personnes se sentent menacées par la spiritualité, tandis que d'autres l'ignorent ou l'évitent. Il faut dire que les termes spiritualité et religion sont souvent confondus. Ils se ressemblent et pourtant ils sont tellement différents.

Dans *Le nouveau Petit Robert de la langue française*, la religion est définie comme étant la « reconnaissance par l'être humain d'un pouvoir ou d'un principe supérieur de qui dépend sa destinée et à qui obéissance et respect sont dus ; attitude intellectuelle et morale qui résulte de cette croyance, en conformité avec un modèle social, et qui peut constituer une règle de vie ». La religion implique certaines croyances ou pratiques propres à un groupe social et est habituellement associée à un lieu de culte comme une église ou une synagogue. Les gens ont besoin de se sentir aimés, acceptés et liés à une communauté, et c'est souvent dans la religion qu'ils comblent ce besoin.

Certains individus perçoivent la religion comme étant très autoritaire, quelque chose à éviter plutôt qu'à adopter. Ils croient que la religion est dépourvue, dans la pratique, de la compassion et de l'acceptation inconditionnelle qui sont décrites dans plusieurs doctrines. Ils ont plutôt l'impression que la religion repose davantage sur la croyance en un Dieu punitif qu'il faut craindre. C'est d'ailleurs sur ce point qu'ils font une distinction entre religion et spiritualité.

La religion est le contexte et la structure dans lesquels se pratique la spiritualité. La plupart des religions possèdent des règles qui sont créées et renforcées par les pratiquants. Et la plupart des gens détestent les règles, surtout quand ils jugent ces règles injustes ou malhonnêtes. Ils n'aiment pas qu'on leur dise quoi faire, comment se comporter ou quoi croire.

La religion s'attend à ce que ses adeptes obéissent aux règles, sinon ils risquent d'être punis ou rejetés. Bien que les règles aient été créées pour protéger les gens, elles peuvent aussi les aliéner. Alors, quand des individus s'opposent à une règle, ils s'éloignent du groupe afin d'éviter de se sentir contrôlés ou manipulés. Ils ont peur et peuvent donc s'éloigner de la religion pour se protéger. Ils cessent de *faire partie* de la communauté, se sentant plutôt *à part*. Ils deviennent des entités séparées qui luttent avec des émotions négatives.

Si vous n'avez pas le sentiment de faire partie d'une communauté, vous risquez de vous priver d'un lien spirituel. Vous risquez de confondre les représentants de Dieu avec Dieu. Si vous vous sentez éloigné de Dieu ou rejeté par lui, c'est sans doute en raison de la façon dont vous avez été traité par les gens. Car la peur et la spiritualité sont liées. Les gens croient qu'ils craignent Dieu, alors qu'en fait ils ont peur d'être jugés par les êtres humains.

Vous avez sans doute de nombreuses raisons d'éviter les religions établies. Chez l'individu, la religion est le reflet extérieur d'une spiritualité intérieure. Voilà pourquoi les gens qui fréquentent les églises sont perçus comme des êtres « religieux » pour la simple raison qu'ils pratiquent une religion ou assistent régulièrement à un office religieux.

On suppose aussi que les gens qui pratiquent une religion sont plus près de Dieu et qu'ils devraient donc se comporter selon les principes de ce dernier. Les pratiquants demeurent tout de même des êtres humains, avec leurs propres insécurités émotionnelles. Ainsi, on dira d'une personne qui est surprise à insulter un piéton en sortant de l'église qu'elle est hypocrite. Les pratiquants sont perçus comme hypocrites quand « ils ne mettent pas en pratique ce qu'ils prêchent.»

N'empêche que les actions et les réactions d'un individu sont davantage alignées sur la perception qu'il a de lui-même (son estime de soi) que sur sa spiritualité. En d'autres termes, son comportement est davantage alimenté par la peur que par sa connexion avec Dieu. Il devient frustré par les autres parce qu'il éprouve de la frustration envers lui-même. Et pour mieux se sentir, il a tendance à critiquer ou à condamner les autres.

Même les représentants du clergé peuvent aussi souffrir d'une mauvaise estime de soi. Ils ne sont donc pas immunisés contre des commentaires ou des gestes inappropriés. Ce sont aussi des êtres humains qui luttent avec leurs blessures du passé et leur insécurité.

Les jugements portés sur les autres sont symptomatiques d'une mauvaise estime de soi.

Quand nous jugeons une personne, nous ne faisons que projeter sur elle nos propres insécurités. Et les pratiquants sont souvent perçus comme des êtres qui jugent facilement les autres, ce qui est en contradiction avec leurs valeurs religieuses. Voilà pourquoi la religion est malheureusement devenue un sujet tabou pour bon nombre de gens, au lieu de représenter une façon positive d'honorer la spiritualité, alors que celle-ci devrait être valorisée et non crainte.

Il faut dire aussi que certaines personnes ont été abusées dans leur passé sur le plan spirituel. Notre société commence à peine à comprendre les effets à long terme des abus physiques, psychologiques et sexuels et ne reconnaît pas encore les implications des abus spirituels. Par abus spirituel, on entend tout abus lié au développement ou à l'expérience d'une personne sur le plan spirituel ou religieux. Quiconque a déjà été maltraité physiquement, sexuellement ou psychologiquement par un représentant du culte a été victime d'abus spirituels. Quand les abus ont lieu dans un contexte spirituel, la personne devient confuse concernant ses croyances spirituelles et sa spiritualité s'en trouve compromise.

Bien que beaucoup de gens aient été obligés d'aller à l'église durant leur enfance, certains d'entre eux ne considèrent pas qu'il s'agit d'un rituel obligatoire. Ils croient sincèrement que cela fait partie de leur développement spirituel. Les autres qui se sont sentis contraints de pratiquer une religion et qui la rejettent maintenant ont été victimes d'abus spirituels. En effet, la spiritualité a été contaminée par la contrainte, et les victimes ont plutôt tendance à la rejeter plutôt qu'à l'intégrer dans leur vie. Pour eux, l'expérience de la spiritualité et de la religion a été traumatisante et continue de les affecter négativement au point qu'ils préfèrent éviter le sujet.

Les gens ressentent parfois de la confusion face à la religion ; ils ne sont pas sûrs de leurs croyances ni de la façon de les mettre en pratique. Résultat : certaines personnes évitent toute pratique ou croyance spirituelle. Elles ne font pas partie d'une religion officielle et évitent même d'acquérir une conscience spirituelle. Même ceux qui ont eu la chance d'hériter de leur famille d'un sens religieux ou d'un système de croyances spirituelles abandonnent parfois leur spiritualité une fois rendus à l'âge adulte. C'est facile de s'égarer quand on doute d'un sujet qui est souvent considéré comme vague ou controversé.

La spiritualité se définit simplement comme
la croyance en Dieu ou en une puissance supérieure.

La spiritualité repose sur l'idée qu'il existe une énergie ou une force supérieure et que cette source spirituelle vous a créé et continue de vous guider et de vous protéger. Tout comme il existe des fondateurs d'entreprises et des auteurs de livres, il existe une force à l'origine de votre être et de tout ce qui vous entoure. Cette source supérieure prend plusieurs formes et plusieurs noms : Créateur, Allah, Dieu, Déesse Mère, Univers, Jésus, Jéhovah ou Tout-Puissant. Le nom le plus commun est Dieu. Cependant, le terme « Univers » est aussi couramment utilisé étant donné qu'il inclut une compréhension générale de la spiritualité.

L'Univers pose un défi étant donné qu'il ne se présente pas sous une forme physique concrète. Vous ne pouvez pas voir l'Univers comme vous pouvez croiser un vieil ami au supermarché. L'Univers est beaucoup plus grand que le monde physique. Voilà pourquoi la spiritualité est une notion difficile à comprendre, surtout pour ceux qui n'ont aucun antécédent en la matière.

Dans le film *Oh God !*, John Denver jouait le rôle d'un homme ordinaire qui était choisi par Dieu (interprété par George Burns) pour révéler ses messages au monde entier. Au début, le personnage de John Denver est quelque peu dépassé par les événements. Il remet en question le fait que Dieu l'ait choisi alors qu'il y a des gens beaucoup plus religieux que lui. Il ne comprend pas pourquoi il a hérité d'une telle responsabilité alors qu'il connaît si peu le sujet : Dieu. Il a peur de passer pour un fou aux yeux des autres.

Les jugements nuisent à la spiritualité.

Nous vivons dans une société où juger les autres est pratique courante. En effet, la nature humaine semble considérer le jugement comme un trait acceptable de notre personnalité. Et il y a peu de gens qui ne sont pas portés à juger les autres. Les jugements nous empêchent ainsi de nous sentir à l'aise avec la religion et la spiritualité. Inquiets de ce que les autres pourraient penser, nous doutons de la présence de Dieu dans nos vies. Nous remettons en question les concepts de la spiritualité et de la religion. Il existe pourtant de nombreuses religions et de lieux de culte, comme les églises, les synagogues et les mosquées. Mais qu'est-ce que cela signifie ? Et surtout, en quoi la religion est-elle liée à l'abondance ?

L'abondance est animée d'un esprit qui mérite d'être reconnu. Il est nécessaire de reconnaître que Dieu ou l'Univers est à l'origine de votre abondance. Car l'abondance est un concept spirituel. Elle concerne davantage votre lien spirituel que vos possessions matérielles. Nous ne sommes pas faits pour cheminer seuls dans la vie. Nous pouvons compter sur des guides et sur des signes pour nous éclairer. Notre travail consiste simplement à nous ouvrir à eux et à nous laisser guider.

L'abondance est un cadeau de l'Univers. Tout le bien vient de l'Univers. Voilà pourquoi il est nécessaire de développer un lien spirituel avec celui-ci de manière à profiter des richesses du royaume. Peut-être possédez-vous déjà un lien spirituel, une base de spiritualité qui vous a été transmise par vos parents. Si c'est le cas, il vous suffira d'acquérir une meilleure compréhension de la chose et d'utiliser cette influence des plus puissantes. En quoi croyez-vous ? Que vous a enseigné votre famille en matière de spiritualité ? Y a-t-il des valeurs et des croyances dont vous avez hérité et que vous portez toujours en vous ? Croyez-vous en Dieu ? Faites-vous appel à Dieu en cas de nécessité ?

La religion n'est pas parfaite et ne risque pas de le devenir dans un avenir rapproché. Ainsi, même si une religion particulière vous intéresse, cela ne vous empêche pas de désapprouver certaines de ses croyances. De tout temps, les êtres humains ont interprété les enseignements religieux et vous devrez peut-être essayer plusieurs groupes religieux avant d'en trouver un qui vous convient.

Et même dans ce cas vous pourriez trouver certaines personnes de ce groupe plutôt rigoristes. Vous risquez alors de juger l'ensemble du groupe en fonction de ses adeptes. N'oubliez pas qu'une église a beaucoup plus à voir avec votre relation avec Dieu qu'avec les gens qui la fréquentent. Choisissez des croyances et des pratiques spirituelles qui renforcent votre relation avec votre lien spirituel. Une énergie spirituelle nous entoure et vit en chacun de nous. Il suffit de vous brancher à ce courant qui existe déjà.

En quoi pourriez-vous bien croire ? Parfois, il sera nécessaire d'adapter votre spiritualité en fonction de vos croyances et de vos pratiques personnelles. Par exemple, vous pourriez avoir plus de facilité à entrer en relation avec la nature qu'avec un être spirituel. Peut-être êtes-vous particulièrement attiré par l'énergie dégagée par le chêne qui trône au milieu de votre cour. Vous êtes conscient de l'importance qu'il a pour vous et de la connexion qui existe entre vous deux. Le chêne pourrait donc devenir un outil pour vous aider à développer votre spiritualité.

Vous pourriez aussi explorer des religions compatibles avec ce lien avec la nature. Par exemple, la spiritualité amérindienne est traditionnellement liée à la nature et aux animaux. Assurez-vous d'être à l'aise avec votre pratique spirituelle et votre compréhension de la spiritualité, et prenez le temps de vous informer et de découvrir vos propres intérêts par rapport à vos croyances inhérentes. Rien ne vous empêche d'adapter votre spiritualité de manière à refléter votre relation avec l'Univers. Quelle est la meilleure façon pour vous d'entrer en relation avec cette présence spirituelle ? Est-ce dans une église ou une hutte de sudation ? Êtes-vous à l'aise de réciter des prières ou préférez-vous inventer votre propre façon de communiquer avec l'Univers ? Préférez-vous méditer en solitaire ou assister à une cérémonie en groupe ? Quelle est la façon la plus puissante et la plus confortable pour vous d'entrer en relation avec l'Univers ? Vous trouverez à la fin de ce chapitre un exercice pour explorer votre propre spiritualité.

La méditation est un moyen efficace d'y voir plus clair tout en améliorant votre santé générale. Comment est-ce possible ? La méditation favorise le calme. Nous vivons dans un monde agité qui encourage l'action plutôt que le calme. Et la plupart des gens s'attendent à ce que les autres soient toujours affairés.

En adoptant une pratique spirituelle, comme la méditation, vous pouvez explorer les profondeurs de l'abondance. En effet, la spiritualité est un miroir qui permet de voir plus clairement, avec un regard différent. Plutôt que de ne voir qu'un seul arbre, vous apercevez une forêt entière. Mais en y regardant de plus près, vous acquérez une meilleure compréhension des choses et voyez bien au-delà de cet arbre. Vous prenez conscience de son utilité et de l'abri qu'il peut offrir. Votre point de vue change et vous reconnaissez que vous n'êtes pas seul. Ainsi, à partir de l'existence d'un simple arbre, vous avez approfondi votre spiritualité.

En prenant conscience de la dimension spirituelle, vous accéderez à la magie de la vie, et expérimenterez beaucoup plus que ce que vous avez jamais imaginé. La vie est source d'abondance seulement si vous en prenez conscience et l'expérimentez en tant que telle. Contrairement à la dimension physique, la dimension spirituelle ne connaît aucune limite. *Car avec Dieu, tout est possible.*

Quand vous croyez en Dieu, toutes les limitations et les obstacles se transforment en occasions extraordinaires. Par exemple, imaginez que vous êtes déçu parce que quelqu'un d'autre a obtenu l'emploi que vous désiriez. Quelque temps après, vous trouvez un emploi qui vous offre un meilleur salaire et beaucoup plus de flexibilité.

Rappelez-vous que lorsqu'une fenêtre semble sur le point de se refermer, une autre s'ouvre ailleurs pour vous. Dieu est partout et dans tout. Vous faites partie de ce lien universel et vous recevez toujours du soutien, aussi incroyable que cela puisse paraître. L'abondance et Dieu sont interchangeables. L'un ne va pas sans l'autre.

Tout dans la vie est sacré et porte l'empreinte de Dieu. Découvrez le caractère sacré de tout ce que vous voyez, touchez, sentez, entendez et expérimentez. Vous ne vivrez alors plus votre spiritualité comme un rituel à pratiquer chaque semaine à l'église, mais comme une expérience quotidienne. Il suffit de regarder autour de vous et de sentir la présence de Dieu dans tous les aspects de votre vie. Voici quelques croyances spirituelles universelles susceptibles de vous guider sur la route de l'abondance :

Votre vie est guidée par un plan divin.

La spiritualité est un compagnon de vie qui permet à celle-ci d'évoluer gracieusement sans les luttes et les épreuves qu'on se crée soi-même. L'Univers a un plan, un plan divin, pour votre vie. Ayez confiance que l'Univers permet à votre vie de se dérouler exactement comme il le faudrait. Ne luttez pas contre les expériences que la vie vous apporte. Ce combat est inutile. Lâchez prise et laissez l'Univers guider paisiblement votre vie. Vous êtes entre bonnes mains. Soyez suffisamment souple pour suivre le plan divin, même s'il diffère du vôtre. Décidez de croire que tout ira bien. Vous allez bien. Votre vie va bien. Vous êtes guidé par une force supérieure.

Il n'y a pas de hasard.

L'Univers ne commet pas d'erreurs. Il sait exactement ce qu'il fait. Il est conscient de ce qui vous permettra d'atteindre votre but dans la vie. Il possède le plan d'ensemble. Votre mission est de devenir le meilleur de vous-même, de devenir l'être le plus fort, le plus compétent et le plus spirituel. Même si vous devrez sans doute affronter des défis, vous êtes déjà guidé de manière à remplir votre mission.

Tout arrive pour une raison.

Faites confiance à l'Univers. Si une chose doit se produire, elle se produira. Et le contraire est tout aussi vrai. La vie a un but. Toutes les expériences visent à permettre au plan divin de vous guider vers la plénitude et l'illumination spirituelle.

Faites équipe avec le PDG de votre vie et voyez avec quelle facilité votre vie se déroule. L'Univers est votre source d'abondance. Commencez dès aujourd'hui à inviter dans votre vie cette source des plus puissantes et influentes et voyez vos rêves et vos désirs se réaliser. Ce qui vous semblait impossible se réalisera avec très peu d'efforts.

L'esprit divin est la force invisible qui se cache derrière les expériences de votre vie. Certaines de ces expériences sont difficiles à expliquer : elles portent la marque de l'esprit divin. Acceptez son existence dans votre vie. Observez-le. Écoutez-le. Sentez-le. L'Univers témoigne de sa présence dans le ciel, à travers les nuages et les rayons du soleil. Il réside dans le vent et dans les gouttes de pluie. L'Univers s'adresse à vous par le tonnerre et les éclairs. Il vous révèle sa nature généreuse dans l'abondance des arbres et la beauté des couchers de soleil. Il transmet ses messages à travers les chansons à la radio ou les conversations que vous avez avec d'autres gens. Prenez conscience de la présence de l'Univers dans votre vie quotidienne. Vous êtes entre bonnes mains, tout comme votre vie.

La spiritualité.
(Prenez une feuille pour répondre aux questions)

- Voici ma définition personnelle de la spiritualité :
- Durant mon enfance, on m'a enseigné que :
- À cette période de ma vie, voici ce que je crois :
- Je désigne mon lien spirituel par l'appellation suivante :
- Comment aimerais-je développer ma spiritualité ?

CHAPITRE TROIS

La voie de l'abondance

Pour accomplir de grandes choses, nous devons non seulement agir, mais aussi rêver ; non seulement planifier, mais aussi croire.

Anatole France

Maintenant que vous avez retracé la source ultime de votre prospérité, il est temps de tracer votre chemin de l'abondance. À quoi souhaitez-vous qu'il ressemble ? Fermez les yeux et imaginez le chemin idéal. Est-il sale et parsemé de cailloux ? S'agit-il d'une route asphaltée, lisse mais étroite ? Ou d'un sentier naturel recouvert d'herbe ou d'un paillis d'écorce ? Est-ce un chemin pavé de briques ou de pierres calcaires ? C'est le moment de créer votre vision personnelle de votre voie d'abondance. Laissez-la se dessiner dans votre esprit telle que vous la désirez. Il s'agit là de la première étape vers l'abondance.

Votre chemin est peut-être coloré ou éblouissant, comme s'il était recouvert de diamants. Il représente ce que vous souhaitez créer dans votre vie, ce à quoi vous avez droit : l'abondance. Enfouissez bien au fond de votre cœur cette image de prospérité. Vous pourrez ainsi vous y référer chaque fois que vous le désirez.

Pour entreprendre votre voyage vers l'abondance, vous devez d'abord faire un choix. Comme s'il y avait déjà un embranchement sur la route et que vous deviez choisir entre deux directions opposées. Laquelle prendre ? Est-ce qu'un des deux chemins est plus éclairé et révélateur que l'autre ? L'un des deux semble-t-il plus prometteur que l'autre ? Il n'y a rien de plus simple que d'attirer l'abondance : il suffit de faire un choix. Et pourtant, ce simple exercice s'avère un supplice pour bon nombre de gens. La peur de commettre une erreur ou de se tromper complique encore plus les choses et retarde le processus. Les gens craignent de regretter à long terme les choix qu'ils ont faits.

Certaines personnes évitent de faire des choix dans leur vie et préfèrent « se contenter de ce que la vie leur apporte » plutôt que de risquer de se tromper. Elles cèdent leur droit de choisir. Leur vie se compose de décisions prises par défaut, et elles se contentent des restants une fois que les autres ont fait leurs choix. Elles sont rarement en tête de file et attendent plutôt de voir s'il y aura seulement une place pour elle dans le peloton. Pourquoi des gens adoptent-ils une telle approche dans leur vie ?

Les êtres humains ont de la difficulté à prendre des décisions pour diverses raisons. Ils ont souvent peur, que ce soit consciemment ou non. Et la peur est le principal facteur qui entrave la capacité de prendre une décision. Les personnes indécises craignent la perception des autres. Elles ont peur d'être jugées et manquent d'une bonne estime de soi pour oser prendre la place qui leur revient dans la vie.

Les personnes souffrant d'une mauvaise estime de soi se sentent inférieures aux autres, donc moins importantes ou compétentes. Elles croient qu'elles ne sont pas suffisamment bonnes et ne se sentent pas à la hauteur. Si vous manquez d'estime de soi, vous risquez de douter de vos croyances et d'adopter celles de quelqu'un d'autre. La vérité est que chaque fois que vous vous comparez à une autre personne, vous vous sentez toujours inférieur. Ce sont là les sentiments familiers, quoique inconscients, de honte et d'indignité.

Quand vous ne croyez pas en vous, vous devenez dépendant de l'opinion ou des décisions des autres. Vous êtes alors vulnérable, tout comme le sont vos rêves et vos aspirations.

Vous devez croire en vous lorsque vous faites des choix et prenez des décisions. Vous devez avoir confiance que vous ferez le bon choix. Si vous avez de la difficulté à prendre des décisions, commencez dès aujourd'hui à vous faire confiance. Prenez peu de décisions, mais prenez-en tout de même. Évitez de répondre aux autres « Je ne sais pas » ou pire « Ça m'importe peu ». Efforcez-vous de prendre des décisions peu importe le sujet ou les impacts qu'elles auront.

Évitez aussi de demander aux autres leur avis. Il est fréquent au restaurant que les gens se demandent entre eux « Qu'est-ce que tu prends ? » Mais avez-vous remarqué à quel point la réponse à cette question influence votre choix ? Si l'autre vous dit qu'il prend un sandwich, vous serez peut-être porté à changer d'idée et à commander un sandwich plutôt qu'un repas complet. C'est dans la nature humaine de vouloir que les choses soient égales et semblables. Mais peu importe votre estime de soi, essayez d'éviter de laisser les autres influencer vos choix. Ayez confiance en vous et en vos décisions. Après tout, ce sont ces dernières qui importent le plus.

C'est vous qui choisissez le chemin de votre vie. Il existe au moins deux types de chemin de l'abondance. Le premier est le plus fréquenté. Et il y a des preuves visibles de ceux qui l'ont emprunté avant vous. Il semble prometteur parce que vous savez que d'autres l'ont également choisi. Il s'agit du parcours familier de la vie. Il représente ce que vous savez et ce que les autres ont vécu et accompli. Et pourtant, ce parcours familier est rempli d'embûches et de défis, telle une route parsemée d'obstacles et de détours. Mais comme il est familier, il est facile de le choisir. Mais si vous observez bien, vous verrez qu'il existe aussi une autre route.

Cet autre chemin de l'abondance semble simple et droit au premier regard, mais vous vous demandez s'il l'est effectivement. Après tout, ce n'est pas le chemin que les gens sont portés à choisir. Il semble plutôt négligé et désert. Il représente le parcours inconnu, inhabituel et inexploré de la vie. Ce trajet de vie peut consister à choisir une carrière différente ou à travailler simplement pour le chèque de paye. Il vous obligera à penser et à agir différemment des autres.

L'inconnu n'est que la méconnaissance de ce que l'avenir vous réserve. Cela n'empêche en rien les événements de se produire. En effet, la vie se compose d'une suite d'expériences dont vous ignorez même l'existence. Admettez votre peur de l'inconnu et entrez dans la danse de la vie.

Laissez la vie se dérouler devant vous,
même si vous ignorez ce qui vous attend.

La peur de l'inconnu peut vous empêcher d'attirer l'abondance que vous souhaitez. Et pourtant, la plupart des aspects de la vie nous sont d'abord inconnus. En effet, la vie est composée d'une suite d'expériences inconnues. Vous ignorez ce que sera demain. Ce que sera la prochaine année. Ce que l'avenir vous réserve. Personne ne sait ce qui se produira, ni le moment et la manière dont les choses vont se dérouler.

Évitez de baser vos décisions uniquement sur le fait que d'autres ont pris les mêmes. Apprenez à prendre vos propres décisions. Vous savez ce qui est le mieux pour vous. Aussi, choisissez la voie de la moindre résistance. Rendez-vous la vie facile. Posez-vous la question : « Quelle est la façon la plus simple d'agir ? » La réponse à cette question vous aidera à effectuer le bon choix. De même, prenez l'habitude d'intégrer cette question importante à votre processus de décision. Comment allez-vous facilement attirer l'abondance dans votre vie ?

Vivre dans l'abondance, c'est savoir profiter
pleinement de la vie.

L'abondance est attirée par la facilité et non par les difficultés. Malheureusement, la plupart des gens ont appris le contraire, c'est-à-dire que la vie se compose de luttes et de souffrances. On nous enseigne que nous ne pouvons obtenir ce que nous désirons qu'au prix d'immenses efforts et de nombreuses heures de travail. En effet, notre société est composée de gens qui travaillent sans cesse. Et la plupart des gens sont trop occupés pour profiter de la vie. Toujours à la course, ils travaillent de plus en plus fort et plus longtemps pour accumuler des biens qu'ils n'ont même pas le temps d'apprécier. Même si c'est une excellente façon d'accumuler de la richesse, cela n'a rien à voir avec l'abondance. L'abondance va bien au-delà que le simple fait d'accumuler de l'argent et des biens matériels. Vivre dans l'abondance, c'est savoir profiter de la vie.

En tant que débutant, vous devez adopter la bonne attitude face à l'abondance. Celle-ci s'acquiert dans la facilité et non le combat. Choisissez d'assumer les tâches de la vie avec facilité, car il n'est pas nécessaire ni même bénéfique de devoir lutter pour vivre. La vie n'est pas supposée être compliquée ou effrayante. Au contraire, vous devriez pouvoir attirer facilement l'abondance.

« Quelle est la façon la plus simple d'agir ? »
(Prenez une feuille pour répondre aux questions)

En cheminant en toute facilité sur la voie de l'abondance, accordez-vous le droit de rêver. Ne vous limitez pas à ce que vous croyez pouvoir obtenir de la vie. Soyez ouvert à toutes les possibilités. Rédigez votre propre billet d'autorisation à obtenir ce que vous souhaitez dans la vie :

Cher (...) [famille, amis, collègues de travail ou monde], J'autorise pleinement (...) [nom] à obtenir ce qu'il (elle) désire vraiment dans la vie. Après tout, il (elle) le mérite !

Signature (...)

Il n'est pas nécessaire d'attendre la permission des autres pour réaliser nos rêves et nos désirs. Chacun d'entre nous crée ses propres rêves et nous devons nous donner la permission de tout faire pour qu'ils se réalisent. Des millions de gens abandonnent leurs rêves en attendant que les autres, leurs parents ou leurs mentors, leur donnent la permission. N'attendez pas que quelqu'un vous dise que vous pourriez être un bon acteur, chanteur ou avocat. Donnez-vous la permission de poursuivre vos rêves.

Maintenant que vous avez obtenu le feu vert, que désirez-vous dans la vie ? Que souhaitez-vous faire de votre vie ? Quelles expériences aimeriez-vous vivre ? Osez rêver sans vous limiter. Si on vous présentait un catalogue d'expériences, lesquelles choisiriez-vous ? Remplissez la *liste de vos désirs* à la fin de ce chapitre afin d'aligner vos pensées sur vos rêves. Il ne s'agit pas d'une liste complète. Certaines personnes savent ce qu'elles veulent dans la vie, mais sont incapables de se donner la permission de l'obtenir. Si vous ignorez ce que vous désirez, cette liste vous aidera à commencer votre processus de réflexion.

Il est important de savoir ce que vous voulez dans la vie. Efforcez-vous d'atteindre vos objectifs plutôt que de vous contenter de ce qui « convient pour le moment ». Allez dès le départ dans la direction souhaitée. Ne perdez pas de temps et d'énergie à vous contenter de moins, au risque de devoir revenir sur vos pas et de repartir à zéro.

Mais malgré ce que vous pourriez croire ou ce que les autres pourraient vous dire, il n'est pas nécessaire de savoir *exactement* ce que vous désirez. La vie est rarement un absolu, surtout au début du chemin de l'abondance. Soyez prêt à vivre différentes expériences. Développez vos idées. Essayez de nouvelles choses qui vous intéressent. Et suivez toujours vos intérêts. Ainsi, vous continuerez d'avancer sur votre voie plutôt que de ne rien faire en attendant de prendre une décision.

Tout le monde a des désirs, mais peu de gens ont suffisamment de courage de les exaucer. Prenez le temps de formuler vos désirs. Osez rêver. Imaginez ce que ce serait que d'avoir ce que vous souhaitez. La vie est une toile sur laquelle vous pouvez tracer ce que vous voulez. Soyez ouvert à toutes les possibilités. Il n'y a rien de mal à obtenir ce que vous voulez ! Dans les prochains chapitres, vous découvrirez des outils pour réaliser vos rêves.

Vous tracez votre voie à mesure que vous avancez.

Que souhaitez-vous trouver sur votre chemin de l'abondance ? À quoi ressemblerait pour vous une vie prospère ? Serait-elle synonyme d'argent et de biens matériels ? Serait-elle emplie d'expériences et d'opportunités ? Fermez les yeux un moment et imaginez votre vie d'abondance. Quelle forme prendrait-elle ? Si vous êtes une personne visuelle, vous pourrez facilement visualiser la chose. Sinon, servez-vous d'un autre sens, comme le toucher ou l'odorat, pour imaginer une vie d'abondance. Il n'y a pas de bonne ou de mauvaise façon d'effectuer cet exercice. Donnez-vous simplement la permission d'imaginer, de voir, de sentir et d'expérimenter ce qui vous vient à l'esprit. Notez toute observation dans un journal intime ou un carnet.

Votre chemin de l'abondance doit
comprendre vos vrais désirs.

Évitez d'attirer dans votre vie des gens, des lieux et des choses qui ne sont pas conformes à vos désirs. C'est si facile d'agir ainsi et beaucoup d'autres gens ont commis cette erreur. La vie passe que vous la preniez en main ou non. Face aux occasions qui se présentent, reportez-vous à la liste de vos désirs à la fin de ce chapitre. Vous serez ainsi moins porté à vous contenter de moins que ce que vous désirez vraiment.

Par exemple, dans votre quête d'un partenaire amoureux, relisez les qualités que vous avez inscrites dans la liste de vos désirs. Les personnes qui manquent d'estime de soi acceptent habituellement de prendre la première personne qui se présente plutôt que d'attendre le partenaire idéal. Elles ont souvent peur d'être seules, sans amour, alors elles se contentent de quiconque entre dans leur vie. Elles se laissent choisir plutôt que d'aller avec la personne de leur choix.

La réussite dans la vie dépend de votre volonté à courir des risques

Ne laissez pas la peur déterminer vos choix de fréquentations amoureuses et encore moins votre compagnon de vie. Basez-vous sur l'amour et non sur la peur. Nous avons cependant tendance à laisser cette dernière s'immiscer dans presque tous les aspects de notre vie. En effet, les gens ont si peur de ne pas trouver ce dont ils ont besoin qu'ils finissent par se convaincre que mieux vaut se contenter de ce qui est disponible que de rien du tout. Résultat, ils font des compromis alors qu'ils méritent beaucoup plus.

Ces personnes pourraient ainsi accepter un emploi uniquement pour le chèque de paye. L'argent devient alors l'unique raison pour laquelle elles travaillent. Et par crainte de perdre ce salaire, elles demeurent malheureuses dans un emploi ou une entreprise pendant de nombreuses années. Le temps passe et elles ont encore plus de difficulté à quitter leur emploi même s'il ne leur convient pas, car à force d'accumuler des années de service, leur salaire et leurs avantages sociaux augmentent et il leur est encore plus difficile d'y renoncer. Par conséquent, elles se mettent à rêver à leur retraite : *à partir de ma retraite, je vais…* Mais pour l'instant, elles doivent attendre que le temps passe pour profiter de la vie.

En tant que débutant sur le chemin de l'abondance, méfiez-vous de ce piège et ne devenez pas victime de cette norme sociale. Ne vous empêchez pas de changer fréquemment d'emploi si c'est nécessaire pour attirer l'abondance dans votre vie. Mieux vaut sacrifier un chèque de paye que votre vie entière. Osez courir des risques. La réussite dans la vie dépend de votre volonté à courir des risques. Choisissez un emploi que vous aimez. Et ne laissez pas le jugement des autres contaminer votre vie. Les gens jugent facilement, et ils vous blâmeront sûrement si vous décidez de changer fréquemment d'emploi. Mais ne laissez pas l'insécurité des autres vous détourner de votre route d'abondance.

Rappelez-vous ceci : il s'agit de votre vie. À vous de décider ce qui vous convient le mieux. Prenez le temps nécessaire pour découvrir quel est votre emploi idéal, celui qui soulève une passion en vous, par lequel vous êtes naturellement attiré. Encore une fois, l'abondance doit venir facilement et non à force de combats. Votre emploi idéal devra être excitant et agréable. Le salaire ne sera qu'un avantage de plus, car vous serez content de faire ce que vous aimez. Pour identifier votre emploi idéal, faites la méditation qui se trouve à l'annexe B.

Pour beaucoup de gens, l'abondance se reflète dans la maison qu'ils habitent. Peut-être êtes-vous davantage porté à rêver de votre maison idéale que d'un partenaire ou d'un emploi idéal. Il n'y a rien de mal à rêver de posséder, d'acheter ou de construire une maison, et vous devriez vous sentir à l'aise de parler aux autres de la maison de vos rêves. Certaines gens ont une vague idée de leur maison idéale tandis que d'autres possèdent des plans concrets. Avez-vous une vision de votre maison idéale ? Racontez-vous aux autres que vous avez toujours rêvé de vivre dans une maison en bois rond ou dans un autre style d'habitation ?

Comment faire en sorte que votre
maison idéale devienne réalité.

Malheureusement, il ne suffit pas de décrire la maison de vos rêves à quelqu'un pour qu'elle devienne réalité. Vous en apprendrez davantage sur l'art de réaliser vos rêves dans les prochains chapitres. Non, cet exercice de visualisation n'est qu'une autre occasion de vous donner la permission de rêver. Vous méritez d'obtenir ce que vous désirez, y compris un endroit agréable à habiter.

Au moment de choisir ce qui sera votre foyer, soyez sélectif. Ne vous basez pas sur ce que vous pouvez ou ne pouvez pas vous offrir, comme le font bon nombre de gens. Ne laissez pas les questions financières l'emporter, car vous risquez de le regretter plus tard : *c'est tout ce que nous pouvions nous offrir à ce moment-là.* Les décisions basées sur l'argent vous coûteront beaucoup plus cher à long terme. En effet, vous risquez d'être enfermé dans la maison que vous avez choisie pendant des années. De fait, beaucoup de gens achètent ce qu'ils considèrent comme un premier choix, et finissent par habiter cette maison pendant des douzaines d'années.

Rappelez-vous que vous tracez votre voie à mesure que vous avancez. Ce ne sera peut-être pas aussi simple plus tard de changer les choses tel que vous le prévoyez aujourd'hui. Si vous envisagez acheter une première maison, donnez-vous un délai à partir duquel vous vivrez dans la maison qui correspond vraiment à vos désirs. Ou fixez-vous des buts pour faire de cette première maison plus que ce dont vous rêvez. Vous méritez de vivre dans une maison que vous aimez et non pas simplement dans une maison que vous pouvez vous offrir à une période donnée. Peut-être rêvez-vous de construire votre propre maison ou de dessiner les plans de votre habitation idéale. Ou peut-être préférez-vous laisser à quelqu'un d'autre le soin de prendre de telles décisions. Choisissez ce qui vous convient le mieux. La maison que vous choisirez, que ce soit temporairement ou pour toujours, en dira long sur votre vrai moi. Choisissez une maison que vous voulez vraiment et que vous adorez.

Si vous vous contentez de moins que ce que vous désirez vraiment, vous serez porté à en vouloir toujours plus. Vivre dans l'abondance, c'est éprouver de la satisfaction. Ne vous contentez pas de ce qui ne vous satisfait pas entièrement.

Vous méritez d'obtenir ce que vous désirez.

Relisez les concepts spirituels du chapitre précédent. Votre vie est guidée par un plan divin. Rappelez-vous qu'il n'y a pas de hasard et que tout arrive pour une raison. Voilà les principes d'abondance qui vous guideront sur votre chemin.

Il n'est plus nécessaire de faire de compromis. Continuez d'avancer. Ce que vous désirez — que ce soit une relation, un emploi ou une maison idéale — vous sera bientôt offert. Faites preuve de patience et continuez d'avancer dans la direction désirée. Quand vous vous contentez de moins que ce que vous voulez vraiment, vous vous éloignez du chemin de l'abondance et vous abandonnez vos rêves et vos désirs. Vous vous contentez de ce qui est à votre portée plutôt que d'essayer d'obtenir ce qui est dans le domaine du possible. Vous déviez de votre chemin. Et même si ce détour entraîne peu ou pas de difficultés, vous en paierez le précieux prix sur votre « temps de vie ». Vous retarderez ainsi indéfiniment la réalisation de vos rêves. Dans le pire des cas, vous quitterez votre route pour ne plus jamais y revenir. Vous vous contenterez toute votre vie de ce qui vous semble « correct ».

La plupart des gens se contentent d'une vie supportable, tout en se demandant avec espoir s'ils obtiendront un jour ce qu'ils désirent vraiment. Vous méritez bien plus qu'une vie supportable. Vous méritez l'abondance. Vous méritez d'avoir ce que vous désirez et en grande quantité. Ne quittez pas le sentier de vos rêves pour vous contenter de moins que ce que vous voulez vraiment. Le chemin de l'abondance exige du courage et de la discipline. Ayez le courage d'aller dans la direction de vos désirs, ainsi que la discipline pour demeurer sur la bonne voie. Rappelez-vous périodiquement ce que vous souhaitez sincèrement obtenir et expérimenter dans la vie. N'abandonnez jamais vos rêves. Ne faites aucun compromis. N'acceptez que l'abondance !

La liste de vos désirs

(Prenez une feuille pour répondre aux questions)

Vos désirs personnels et familiaux :
Veuillez noter vos désirs comme suit :
(1) Nécessaire
(2) Agréable à avoir, mais pas nécessaire
(3) Non désiré

Qualités recherchées ou non chez un conjoint ou un partenaire amoureux :
- Sens de l'humour
- Physiquement attirant
- Attentif
- Sait faire preuve de considération
- Romantique
- Affectueux
- Travaillant
- Capable de communiquer
- Possède sa propre entreprise

- Enjoué
- Amical
- Responsable financièrement
- Possède des valeurs familiales
- Sécurité financière
- Dynamique
- Libre affectivement
- Axé sur les résultats
- Honnête
- Fiable
- Souple
- Intérêts et passe-temps (...)
- Autre (...)

Enfants :
- Aucun
- Un
- Deux
- Trois
- Quatre
- Cinq ou plus
- Biologique
- Foyer d'accueil
- Adopté
- École privée
- École publique
- Fille(s)
- Garçon(s)

Vos désirs associés à une maison :
Veuillez noter vos désirs comme suit :
(1) Nécessaire
(2) Agréable à avoir, mais pas nécessaire
(3) Non désiré

- À la campagne
- À la ville
- Sur deux niveaux (split-level)
- Ranch
- Au bord de la mer
- À deux étages
- À trois étages
- Maison modulaire
- Bardeaux de cèdre
- Briques
- Bois rond
- Piscine
- Sous-sol
- Aucune rénovation nécessaire
- Pièce de détente
- Salle familiale
- Terrasse
- Aménagement paysager
- Terrain de basket-ball
- Cour ombragée
- Bar
- Grange
- Maison entourée d'un terrain immense
- Commodités (près du travail, des magasins, etc.)
- Petite
- Moyenne
- Grande
- 1 chambre
- 2 chambres
- 3 chambres
- 4 chambres et plus
- 1 salle de bains
- 2 salles de bains
- 3 salles de bains

- Garage
- Étang
- Foyer
- Cour clôturée
- Véranda
- Potager
- Terrain de tennis
- Près des voisins
- Bain tourbillon
- Dans votre ville natale
- Autre (...)

Vos désirs professionnels :
- Travail à l'extérieur
- Travail intellectuel
- Avec des ordinateurs
- Dans un bureau
- Travail créatif
- Avec de la machinerie
- Dans la communauté
- Travail physique
- Aider les gens
- Dans un lieu privé
- Émotionnel
- Superviser d'autres gens
- Travail à la maison
- Heures de travail conventionnelles
- Travail administratif
- Dans une grande entreprise
- Dans une petite entreprise
- Salaire (Quel serait votre salaire idéal ?)
- En tant qu'employé
- Travail autonome
- Avec des collègues de travail

- Heures flexibles
- Horaire de travail variable
- Heures de travail non conventionnelles

Temps de transport maximal :
- 20 min ou moins
- 30-55 min
- 60 min et plus

CHAPITRE QUATRE

Sortir des sentiers battus

Il n'y a pas de plus belle aventure au monde que de vivre la vie de vos rêves.

Oprah Winfrey

Sur le chemin de l'abondance, vous serez sûrement confronté à des obstacles. Il est donc nécessaire d'identifier et d'examiner ces difficultés potentielles pour éviter de vous sentir frustré et découragé. Sachez que les obstacles font partie du parcours. Ils n'ont pas pour but de vous empêcher de progresser, comme beaucoup de gens ont tendance à le croire. Ils vous obligent plutôt à ralentir et à réfléchir afin de pouvoir poursuivre consciemment votre route.

Dans votre empressement, vous voulez à tout prix que vos rêves se réalisent le plus vite possible. Les obstacles servent à vous freiner. Ils vous aident à évaluer votre position — et la direction à prendre — dans votre vie. Les obstacles ont pour but d'éveiller votre conscience et non pas de vous pousser à abandonner vos rêves.

Le chemin de l'abondance est une route infinie, car l'abondance fait partie du processus de la vie. Chaque étape est une occasion d'attirer et de vivre dans l'abondance. Il vous arrivera sûrement de vous écarter de la route, mais ne vous découragez pas pour autant. Prenez la décision de ne jamais abandonner ! Prenez conscience des difficultés, mais ne cessez jamais d'avancer.

Prenez un temps de réflexion... mais continuez d'avancer.

L'obstacle le plus courant auquel vous serez confronté est votre passé. Beaucoup de gens croient que leur passé ne les affecte pas et essaient de rompre avec celui-ci. Vous avez peut-être honte de ce que vous avez fait dans le passé et souhaitez vous en détacher le plus possible. Vous ne voulez surtout pas y penser ou qu'on vous le rappelle. Peut-être avez-vous peur de revivre votre passé, surtout s'il est chargé d'expériences et d'émotions négatives et douloureuses. Vous préférez croire que le passé et le présent sont deux choses distinctes et qu'ils n'ont rien à voir l'un avec l'autre. Si c'est le cas, vous ne vous intéressez qu'au présent et préférez ignorer le passé. En d'autres termes, vous espérez repartir à zéro.

Votre passé affecte votre présent.

Que vous le vouliez ou non, votre vie est affectée par des modèles qui émergent du passé, que ce soit vos expériences, vos relations ou les générations passées. Cela ne suffit pas de dire que vous ne voulez pas être comme votre mère. Les modèles existent au niveau subconscient. Vous avez beau dire que vous ne répéterez pas un modèle particulier, cela ne suffit pas. Il faut rompre les modèles à la fois au niveau subconscient et conscient. C'est ce qui explique pourquoi vous vous sentez frustré et déconcerté quand une situation ne s'améliore pas, même si vous êtes allé consulter et avez essayé de changer. Il faut plonger en profondeur pour voir ce qui se passe réellement.

La façon dont vous interagissez — ou n'interagissez pas — avec votre patron résulte de votre passé. Par exemple, imaginez que votre patron soit une personne colérique et que vous vous sentiez régulièrement agressé par ses sautes d'humeur. Vous essayez de l'éviter, mais cela ne fonctionne pas toujours. Il vous appelle dans son bureau. Même si vous anticipez sa colère, vous êtes tout de même décontenancé par sa mauvaise humeur. Vous êtes déterminé à accomplir diligemment votre travail pour éviter ses remontrances. Vous vous sentez devenir de plus en plus petit et insignifiant à mesure qu'il s'impose. Remarquez combien ses émotions vous affectent et combien sa colère agit sur votre comportement. Comment est-ce possible ?

**La plupart de vos réactions sont liées
d'une façon ou d'une autre à votre passé.**

Vous êtes de toute évidence affecté par les sentiments de colère des autres. Ce sont là des émotions qui tirent leur origine du passé. Quand les sentiments d'une personne vous affectent négativement, demandez-vous à qui cette personne vous fait penser. Vous constaterez avec étonnement qu'elle vous rappelle quelqu'un de votre passé qui est en fait la cause sous-jacente de votre réaction. Il s'agit maintenant de vous demander si vous pouvez accéder aux émotions enfouies dans votre subconscient.

Lorsque vous vivez une expérience qui vous est familière sur le plan émotionnel, vous êtes porté à réagir comme vous l'aviez fait dans le passé. En d'autres termes, le visage de la personne qui suscite la réaction a changé, mais votre réaction face aux émotions demeure la même. Réagissez-vous exactement comme vous l'aviez fait quand un ancien patron, un parent ou un frère ou une sœur avait exprimé de la colère ? Le problème vient-il vraiment de votre patron ou de votre passé ?

La plupart de vos réactions sont liées d'une façon ou d'une autre à votre passé. Qui vous a enseigné à prendre les choses avec détachement ? Qui vous a appris à être sarcastique ou cynique ? Les gens sont des êtres façonnés par les habitudes, et les schémas de comportement créent des obstacles qui servent alors de références dans l'inconscient. Prenez l'exemple suivant :

Jay avait tout un tempérament. Il se fâchait facilement au point de lancer des objets ou de donner des coups de poing dans le mur. Sa femme et ses enfants avaient peur de son comportement imprévisible. Sans savoir pourquoi, Jay se sentait incapable de maîtriser sa colère. Il a éventuellement identifié le schéma : il se fâchait contre sa femme chaque fois qu'il rentrait du travail et qu'elle n'était pas à la maison.

Les modèles peuvent se diviser en différentes couches. Ainsi, il existe quatre modèles courants de comportement qui proviennent de votre passé. Vous adoptez un *modèle behavioriste* quand vous vous comportez de la même façon qu'une autre personne le faisait dans votre passé. Il peut s'agir des façons d'agir que vous continuez de répéter malgré vos efforts de vous en débarrasser. Lorsque vous ressentez les mêmes émotions que dans le passé, vous adoptez un *modèle affectif*. Quand vous pensez comme vous ou quelqu'un d'autre pensait dans votre passé, vous faites alors appel à un *modèle cognitif*. Enfin, vos *modèles sociaux* resurgissent quand vous traitez les autres de la même façon que vous le faisiez dans le passé.

La réaction de Jay, telle que décrite ci-dessus, est un exemple de comportement dont les origines remontent au passé mais qui continue de contaminer le présent. La mère de Jay était rarement à la maison : chaque jour, il rentrait de l'école pour ne trouver qu'une maison vide et silencieuse. Il ne savait jamais à quelle heure un autre membre de sa famille allait rentrer à la maison. Enfant, il se sentait effrayé et abandonné par sa famille, surtout par sa mère. Le modèle affectif de Jay résulte donc de ces sentiments de peur et d'abandon non résolus demeurés enfouis dans son subconscient. D'ailleurs, il n'est sans doute pas conscient de ce puissant lien émotionnel entre son passé et son présent. Il a appris durant son enfance qu'il ne pouvait pas compter sur la présence ou le soutien des femmes — en commençant par sa mère. Il a ainsi gardé cette perception et il suffit que sa femme soit absente à son retour à la maison pour que cela suscite en lui une vive réaction. Voilà l'exemple d'un modèle cognitif.

À un autre niveau, Jay adopte aussi un comportement behavioriste quand il se déchaîne physiquement. Enfant, Jay a observé son beau-père exprimer sa colère en criant, en jurant et en lançant des objets. Il a malheureusement appris à exprimer ainsi sa colère. Sa femme et ses enfants en sont affectés de manière négative et permanente d'une certaine façon. Ils ont toujours l'impression de marcher sur des œufs, ne sachant jamais à quel moment Jay éclatera de nouveau en colère. Il s'agit là d'un modèle social qui reflète la façon dont Jay et sa famille réagissaient face à son beau-père.

Ce modèle de comportement inapproprié chez Jay illustre combien les expériences du passé influent sur le comportement des gens. En effet, les êtres humains ont tendance à réagir avec force aux circonstances actuelles même si leurs actes sont influencés par leur passé. Lorsque vous avez le courage d'examiner votre passé, vous apprenez à être moins explosif et réactionnel. Les pétards sont plus dangereux lorsqu'ils sont conservés dans un contenant fermé que dans un espace ouvert. De même, votre passé est beaucoup moins nuisible une fois que vous l'avez analysé au lieu de le laisser enfoui dans votre subconscient. Le passé ne doit pas être utilisé comme une arme mais comme une source d'enseignement. Laissez votre passé vous éclairer sur votre présent et vos circonstances actuelles. Ayez une vision d'ensemble plutôt que d'en comprendre seulement des bouts. Vous ne vivez pas isolés des autres ni de vos expériences passées.

De quelles croyances à propos de l'abondance avez-vous hérité de votre passé ?

Les modèles du passé influencent votre parcours sur le chemin de l'abondance, notamment les modèles familiaux qui peuvent affecter votre réussite dans la vie. Au moment de décider de votre avenir, vous pourriez facilement vous laisser influencer par les croyances de vos parents ou de vos grands-parents. Par exemple, si votre famille a une mauvaise opinion au sujet d'une carrière ou d'un métier en particulier, vous pourriez décider de l'abandonner. Les artistes qui se font dire par leurs parents qu'ils ne réussiront jamais à gagner leur vie voient souvent leur passion s'éteindre.

Personne ne souhaite volontairement crever de faim. Voilà pourquoi la plupart des gens basent les décisions qui ont une incidence directe sur leur vie sur l'opinion des autres. Nous vivons dans une société dominée par la peur et les opinions des gens reflètent souvent leurs peurs. Tout le monde a peur de quelque chose ou de quelqu'un mais personne ne veut l'admettre. Nous transmettons donc nos peurs d'une manière socialement acceptable, c'est-à-dire en donnant notre opinion.

La peur est une émotion prédominante qui siège à la base d'autres sentiments tels que la colère et la souffrance. Il n'est pas socialement admissible de dire « j'ai peur », car la société perçoit la peur comme une faiblesse. Et la plupart des gens se sentent plus à l'aise d'admettre qu'ils souffrent ou qu'ils sont en colère que d'admettre qu'ils ont peur. Cependant, cela ne les empêche pas de dire aux autres ce qu'ils devraient faire ou ne pas faire en se basant sur leurs propres peurs : « Tu ne devrais pas devenir médecin ; ils ont un horaire de travail beaucoup trop chargé ». En d'autres termes : « J'ai peur que si tu deviens médecin, tu seras malheureux parce que tu travailles trop. »

En tant que membres d'une société dominée par la peur, les gens jugent les autres pour se libérer de leurs propres peurs. Et pourtant, les individus n'aiment pas être jugés et se sentent souvent injustement critiqués. Le jugement n'est qu'une peur projetée sur quelqu'un d'autre. Peut-être avez-vous peur de ce que les autres pensent au point de tout faire pour éviter les jugements de votre entourage. Vous pourriez ainsi choisir une carrière ou un cheminement de vie que les autres privilégient. La ligne est mince entre une opinion et un jugement. La plupart du temps, il est même difficile de les distinguer.

Vous êtes vulnérable à l'opinion des autres quand vous doutez de vous-même et de vos compétences. Si vous souffrez d'une mauvaise estime de soi, vous pourriez croire que c'est vous qui avez tort et eux qui ont raison, et ce peu importe qui sont ces *autres*. Il peut s'agir de vos parents, de vos grands-parents, de vos frères et sœurs, de vos voisins ou de vos amis intimes. Parce que vous ne vous sentez pas à la hauteur des connaissances et des habiletés des autres, vous finissez par faire ce qu'ils attendent de vous plutôt que ce que *vous* voulez vraiment faire.

Imaginez que vos chers grands-parents vous disent : « Nous avons besoin d'un avocat dans la famille. Tu ferais un très bon avocat, tu sais ». Comme vous ne voulez pas décevoir vos grands-parents, vous vous convainquez qu'ils savent mieux que vous ce qui vous convient étant donné leur sagesse acquise avec l'âge et l'expérience. En conséquence, l'opinion de vos grand-parents pèse plus lourd que votre propre opinion.

Lorsque vos besoins entrent en conflit avec ceux des autres, il devient alors plus difficile de réaliser vos rêves. Vous vous mettez à baser vos décisions sur ce que vous *devriez* faire plutôt que sur ce que vous *pourriez* faire.

Imaginez que vous acceptiez de diriger l'entreprise de vos parents parce qu'ils croient que c'est ce qui est le mieux pour vous. Et ce pourrait être le cas, mais est-ce vraiment ce que vous désirez ? Ou avez-vous simplement peur de la réaction de vos parents si vous refusez de prendre les rênes de l'entreprise familiale ?

Apprenez à faire la différence entre ce que *vous* voulez et ce que les autres veulent pour vous. Il arrive que ce soit la même chose, mais c'est rarement le cas. Distinguez vos besoins des besoins et des attentes des autres en prêtant attention à vos pensées et à vos paroles. Si l'expression *je devrais* revient souvent, cela signifie sans doute que vous vous pliez aux attentes de quelqu'un d'autre.

Les *je devrais* sont liés à une obligation. Ils supposent que les autres s'attendent à ce que vous fassiez une chose, donc que vous *devriez* la faire : *je devrais* étudier en biologie ou *je devrais* garder cet emploi en raison des avantages sociaux. Remplacez les *je devrais* par *j'aimerais*. Vous refléterez ainsi votre propre intention : *j'aimerais* étudier en biologie ou *j'aimerais* garder cet emploi en raison des avantages sociaux. Cela semble différent — parce qu'il y a *effectivement* une différence. Soyez fidèle envers vous-même et vos désirs. Considérez l'opinion des autres pour ce qu'elle est uniquement : leur opinion.

> *Vos choix de vie vous appartiennent ;*
> *à vous de réaliser ou non vos rêves.*

Le monde peut sembler effrayant quand on s'y aventure. Voilà pourquoi vous souhaitez être soutenu et rassuré par les membres de votre famille ou vos amis, avec pour résultat qu'ils ont souvent une grande influence sur vos désirs. Vous recherchez leur approbation face à vos choix de vie. Dans la plupart des cas, les membres de votre famille veulent votre bien. Ils appuient vos rêves et vos désirs et vous encouragent. Ils sont à vos côtés pour saluer vos progrès et vos accomplissements et vous stimuler pour surmonter les obstacles. Certains cependant pourraient chercher à vous décourager ou vous inciter à suivre la direction qu'*ils* privilégient. Ils veulent que vous réalisiez ce qu'ils n'ont pas pu eux-même accomplir.

Chaque génération espère faire mieux que la précédente. Certains parents qui n'ont pas pu réaliser leurs rêves en matière de carrière ou de mode de vie projettent leurs désirs sur leurs enfants. Ils les poussent à faire des études en programmation informatique ou à joindre un organisme humanitaire tel que les brigades de paix. Assurez-vous de poursuivre vos intérêts et non les rêves que votre famille n'a pas pu accomplir. Vos parents sont bien intentionnés et veulent que vous réussissiez mieux qu'eux. Mais il y a une différence entre les encouragements et les attentes. Votre famille doit vous encourager sans s'attendre à ce que vous accomplissiez ce qu'elle souhaite pour vous.

Les encouragements rapprochent les familles,
tandis que les attentes les éloignent.

Les conseils des autres peuvent vous être utiles en autant que vous demeuriez fidèles à vos propres désirs. Ne demandez pas conseil aux autres si vous doutez de vous-même, sinon vous risquez d'abandonner vos rêves et vos désirs. Écoutez les conseils des autres avec discernement, tout en prenant d'abord vos propres besoins et désirs en considération. Si le conseil offert correspond à vos désirs, cela signifie que vous avez l'appui de la personne. Sinon, vous devez déterminer ce dont vous avez besoin par rapport à ce que l'autre personne *croit* que vous avez besoin. Votre sœur croit peut-être que vous feriez un bon ingénieur électrique. N'est-ce pas merveilleux ? Mais qu'en pensez-vous ? Avez-vous toujours éprouvé de l'intérêt pour les appareils électriques ? Est-ce que cela soulève une passion chez vous ? Aimeriez-vous accomplir ce travail pendant quarante heures ou plus par semaine ?

Écoutez l'opinion des autres, mais prenez vos propres décisions.

Vous risquez aussi d'adopter des croyances appartenant à d'autres. En effet, il arrive que les membres de notre famille nous imposent certaines opinions, ce qui habituellement ne pose aucun problème, sauf si nous ne sommes pas d'accord avec elles. Et le problème s'aggrave quand celles-ci changent. Imaginez que vous aviez l'habitude de croire la même chose que les autres membres de votre famille, mais que vous avez depuis adopté d'autres croyances. Les familles acceptent difficilement les changements d'opinion. Votre famille pourrait percevoir ce changement comme une menace à son système de croyances ou se sentir abandonnée par vous.

Vous avez sûrement des opinions sur tout, y compris la religion, les gens, l'alimentation, la politique, l'éducation des enfants et plus. Certaines croyances ont souvent été transmises de génération en génération, tout comme les traditions du temps des Fêtes. Le fait de partager une même philosophie procure un sentiment de réconfort et de sécurité : *c'est ainsi que nous avons toujours agi, alors tu devras faire de même.*

Bien entendu, c'est beaucoup plus facile à dire qu'à faire. Les gens oublient parfois que la famille est composée d'individus distincts. Tout le monde est différent et pourtant certaines gens croient que tous les membres d'une même famille doivent croire aux mêmes choses et se comporter de la même manière.

Les croyances dont vous avez hérité vous viennent des générations précédentes, qu'il s'agisse d'opinions sur la famille, le temps, l'argent, l'abondance et la vie. Mais en êtes-vous vraiment conscient ? La plupart des croyances héritées du passé appartiennent au subconscient. Vous devrez donc plonger dans votre subconscient pour examiner les croyances qui affectent votre présent et votre avenir.

Qu'est-ce que vos parents vous ont enseigné à propos de l'argent ?

L'exercice à la fin du chapitre vous aidera à examiner cette question importante. Bien que la plupart des gens aient peur de manquer d'argent, certains craignent d'en *avoir*. La peur de manquer d'argent est explicite : les gens craignent de ne pas pouvoir payer leurs factures ou de combler leurs besoins ou leurs désirs. Quand nous craignons de manquer d'argent, nous vivons avec une impression de manque et de rareté. Nous vivons dans l'inquiétude, en nous demandant comment nous réussirons à payer nos factures à la fin du mois.

Beaucoup de gens sont affectés par la peur de manquer d'argent, peu importe leur revenu. En effet, même des gens riches craignent de manquer d'argent et peuvent souffrir de ce sentiment de manque et de rareté.

Par contre, si vous avez peur d'*avoir* de l'argent, vous pourriez avoir tendance à le cacher ou à le dépenser. Vous pourriez, par exemple, dire aux autres que vous n'avez pas d'argent alors que vous disposez d'importantes sommes que vous choisissez de ne pas dépenser. Vous cachez votre richesse par crainte que les autres vous demandent de leur en prêter ou pire qu'ils vous volent votre argent.

Vous avez peut-être honte d'avoir de l'argent. Et la honte incite à la dépense. Vous ne voulez pas que les autres vous traitent différemment ou vous perçoivent négativement parce que vous êtes privilégié. Vous avez peur qu'ils vous jugent. Vous vous inquiétez de ce qu'ils vont penser du fait que vous possédez ou semblez posséder de l'argent. Vous croyez qu'ils vont s'attendre à ce que vous payez pour eux ou leur donniez généreusement de l'argent.

L'argent fait partie de l'abondance. Vous devez examiner les croyances dont vous avez hérité au sujet de l'argent afin de vous en débarrasser. Sinon, vous répéterez le même comportement et adopterez la même attitude face à l'argent que celle de vos parents.

Vivre dans l'abondance signifie avoir suffisamment d'argent.

Bien que votre opinion face à l'argent constitue une croyance importante dont vous avez hérité, elle n'est pas la seule. Vous avez sans doute aussi hérité de croyances par rapport au temps. Les gens ont peur de manquer de temps. Et vivre dans l'abondance signifie aussi avoir suffisamment de temps.

Les croyances sont typiquement associées au système de valeur d'un individu. Quelles valeurs vous ont été transmises par vos parents ? Lesquelles jugez-vous encore importantes ou valables dans votre vie ?

Les croyances transmises par nos parents affectent souvent le cours de notre vie. Certaines gens finissent par vivre pour leurs parents ou d'autres êtres chers plutôt que pour eux-mêmes. Et parfois, il est déjà trop tard quand ils s'en rendent compte. La vie ne devrait pas être une lutte de pouvoir. Ce n'est pas « vous contre eux ». Il est temps de vous débarrasser des croyances auxquelles vous n'adhérez pas vraiment.

Débarrassez-vous des croyances qui ne font pas ou plus votre affaire. En effet, il arrive que des opinions ne tiennent pas la route et que vous en adoptiez de nouvelles au cours de votre vie. Revendiquez votre vie en revendiquant vos opinions. Mais rappelez-vous que croire en vos opinions signifie faire preuve de fermeté et non d'agressivité. Il n'y a pas de bonnes ou de mauvaises opinions. Elles appartiennent à quiconque les tient pour vraies. Les gens souffrant d'insécurité ont tendance à argumenter pour prouver qu'ils ont « raison ». Rien ne vous oblige à agir ainsi.

Respectez vos croyances tout en respectant celles des autres.

Pour rompre avec les attentes et les modèles des autres, vous devez acquérir certaines aptitudes. Vous devez apprendre à communiquer efficacement. En d'autres termes, affirmez-vous, mais sans être sur la défensive. Dites aux autres ce que vous croyez et confrontez-les sans vous montrer agressif s'ils vous jugent. Il est important que vous vous sentiez digne de vos rêves et de vos désirs, sinon vous aurez encore plus de difficulté à les réaliser.

Vous méritez une vie que vous aimez. Savoir se démarquer des autres signifie se sentir à l'aise d'être indépendant. Si vous avez tendance à toujours compter sur les autres, il est temps d'apprendre à faire preuve d'indépendance. Allez au cinéma ou au restaurant. Si vous souhaitez faire une activité et que personne n'est disponible, faites-la seul. Développez votre indépendance. Finalement, votre habileté à vous démarquer dépend de votre sentiment d'en être capable. Au besoin, rappelez-vous chaque jour : *je suis capable, je peux le faire.* Ayez confiance en vos capacités. Elles ont toujours été présentes, seulement vous aviez peur d'en faire la preuve.

En vous détachant des systèmes de croyances des autres, vous obtiendrez, entre autres, une meilleure estime de vous-même, une plus grande confiance en vous et une plus grande valeur personnelle. Quand vous identifiez et comprenez les opinions dont vous avez hérité, vous êtes moins porté à y adhérer. Une bonne conscience de vous-même vous permet de connaître vos croyances et de les distinguer de celles des autres. La confiance en soi vous aide à affirmer vos opinions. Et lorsque vous êtes conscient de votre valeur personnelle, vous vous sentez autorisé à maintenir vos propres opinions, même si elles diffèrent de celles des autres.

Exercice

Si certaines croyances des autres continuent de saboter votre vie et vous empêchent de réussir celle-ci comme vous le désirez, adoptez un rituel qui consiste à donner ce qui ne vous appartient pas et à vous approprier ce qui vous appartient réellement. Fermez les yeux et placez un oreiller sur vos cuisses. Transférez dans cet oreiller toutes les croyances négatives qui appartiennent aux autres et qui sont contraires aux vôtres. Imaginez-les toutes s'imprégner dans l'oreiller. Ensuite, remettez l'oreiller à une personne imaginaire qui possède ces opinions. De même, déterminez quelles sont vos croyances et revendiquez-les. Vous pouvez utiliser des pensées positives en guise d'affirmations. Saisissez-les avec vos mains et portez-les à votre cœur. Terminez l'exercice par l'affirmation suivante : « Je crois en moi. »

Votre réussite sur le chemin de l'abondance dépend de ce que vous croyez. Vous êtes maître de ce que vous croyez à propos de vous-même, de votre vie et de vos rêves. Choisissez de croire que tout est possible — puis observez de quelle façon votre vie se déroule.

Qu'est-ce que vos parents vous ont enseigné à propos de l'argent ?

(Prenez une feuille pour répondre aux questions) ⸱

- Quelle était l'attitude de votre mère face à l'argent ?
- Était-elle dépensière ou économe ?
- Avait-elle peur d'avoir de l'argent ou d'en manquer ?
- Quels étaient ses rituels à propos de l'argent ?
- Quel était l'impact de son passé sur sa conception de l'argent et sa façon de l'utiliser ?
- Qu'est-ce que votre mère vous a enseigné à propos de l'argent ?
- De quelles croyances à propos de l'argent avez-vous hérité d'elle ?
- J'ai donc hérité de ma mère la croyance que l'argent est :
- Quelle était l'attitude de votre père face à l'argent ?
- Était-il dépensier ou économe ?

- Avait-il peur d'avoir de l'argent ou d'en manquer ?
- Quels étaient ses rituels à propos de l'argent ?
- Quel était l'impact de son passé sur sa conception de l'argent et sa façon de l'utiliser ?
- Qu'est-ce que votre père vous a enseigné à propos de l'argent ?
- De quelles croyances à propos de l'argent avez-vous hérité de lui ?
- J'ai donc hérité de mon père la croyance que l'argent est :

DEUXIÈME PARTIE

Il est facile de vivre dans l'abondance : conseils pratiques pour réaliser vos désirs

---

CHAPITRE CINQ

Comment aligner vos pensées sur vos désirs

Que vous croyiez être capable ou ne pas être capable,
dans les deux cas, vous avez raison.

Henry Ford

À quoi pensez-vous ? Votre cerveau est actif, souvent trop. Il est constamment bombardé de pensées. Vous pensez quand c'est nécessaire, comme lorsque vous étudiez ou essayez de résoudre un problème au travail. Et puis, vous pensez même quand ce n'est pas nécessaire, par exemple, avant de vous endormir. Les pensées vont et viennent que vous les provoquiez ou non. Vous pensez lorsque vous êtes sous la douche et au volant de la voiture. Parfois, elles ne vous importunent pas, alors qu'à d'autres occasions, elles vous bouleversent. Penser est votre façon de demeurer occupé. Même quand votre corps est au repos. Vos pensées jouent cependant un rôle précieux : vous devez penser pour savoir et pour résoudre vos problèmes.

Mais à quoi pensez-vous ? Et surtout, *comment* pensez-vous ? Pensez-vous positivement ou négativement ? En d'autres termes, êtes-vous une personne optimiste ou pessimiste ? Vos pensées reflètent-elles le bon côté des choses ou le côté sombre ? Voyez-vous le verre à moitié plein ou à moitié vide ?

Certaines personnes sont optimistes par nature. Elles ont peut-être eu la chance de naître avec le chromosome de l'optimisme. Elles n'ont aucune difficulté à voir le bon côté des choses. Face aux déceptions de la vie, elles réagissent différemment des pessimistes. En plus de ne pas se fâcher ou d'éprouver de la frustration, elles semblent même accepter les déceptions. Quand elles n'obtiennent pas un emploi, elles se disent que quelque chose de mieux se présentera. Quand un optimiste perd son chéquier, il croit que quelqu'un le lui rendra éventuellement. Les optimistes semblent toujours croire que tout ira pour le mieux.

Certaines personnes ont été entraînées à être optimistes. Dès leur tendre enfance, on leur a enseigné à penser positivement. Les membres de leur famille les décourageaient d'avoir des pensées négatives. Les enfants élevés dans un milieu optimiste sont plus susceptibles de devenir eux-mêmes optimistes. Ils apprennent à voir la vie en rose. De plus, les optimistes ont tendance à vivre plus longtemps. Et ils sont moins portés à souffrir de dépression ou d'anxiété.

Comment les membres de votre famille ont-ils influencé vos schémas de pensée ? Étaient-ils optimistes ou pessimistes ? Vous encourageaient-ils à penser positivement ? Les gens qui pensent négativement ont tendance à être plus critiques face aux autres et à eux-mêmes. Et ce mode de pensée négatif est habituellement renforcé par les autres. Par exemple, si votre mère trouvait amusants vos commentaires négatifs, vous avez sans doute pris l'habitude de les répéter. Quand les pensées négatives sont découragées plutôt qu'encouragées, elles finissent par s'estomper — puis par cesser d'exister. De même, les pensées négatives drainent l'énergie des autres. Au bout d'un moment, elles deviennent lourdes et épuisantes à entendre.

D'autres gens recherchent la compagnie de ceux qui pensent positivement. Ils préfèrent s'entourer de gens heureux et agréables et sont attirés au travail et dans leur communauté par les personnes optimistes. Leur attitude positive ajoute à la qualité de vie des autres. Les optimistes recherchent aussi la compagnie d'autres optimistes. Et ceux qui souhaitent devenir optimistes font de même dans l'espoir d'acquérir cette énergie positive. L'optimisme réchauffe le cœur.

Ces deux modes de pensée, positif et négatif, sont des forces opposées qui se repoussent. La pensée positive est constructive. Elle augmente les chances d'attirer des résultats positifs et souhaités. À l'inverse, la pensée négative est destructive. Elle a le pouvoir d'attirer des résultats indésirables.

La plupart des gens ont adopté un schéma de pensée négatif. Quant à la pensée catastrophique, qui incite les gens à croire au pire, elle constitue une forme intensifiée de la pensée négative.

À *quoi pensez-vous ?*

Il est difficile de prêter continuellement attention à vos pensées. Certaines sont furtives alors que d'autres semblent s'incruster indéfiniment. Les pensées troublantes, cependant, attirent immédiatement votre attention et sonnent l'alarme en vous. Elles vous obligent à y prêter attention.

De façon générale, les pensées sont négatives sans être alarmantes pour autant. Elles ont cependant le pouvoir de saboter votre parcours vers l'abondance. Vous êtes conscient de vos pensées négatives, mais sachez que vous en avez aussi au niveau subconscient dont vous n'êtes pas toujours conscient. Elles ont elles aussi le pouvoir de nuire à la réalisation de vos rêves.

Les pensées négatives sommeillent en vous, n'attendant qu'une occasion de s'exprimer. En effet, les gens ont tendance à penser au pire plutôt qu'au meilleur. Les pensées négatives sont automatiques. Vous n'avez aucun effort à faire : elles surgissent spontanément.

La plupart des gens sont programmés à penser d'abord à ce qui risque d'aller mal plutôt qu'à ce qui pourrait aller bien. Ils pensent qu'ils n'obtiendront pas une promotion ou que leur automobile échouera à l'inspection. Ce n'est pas qu'ils souhaitent que ces événements se produisent, ils sont simplement incapables de penser autrement. La vérité est que la plupart des gens — y compris vous probablement — sont traversés par des centaines de pensées négatives chaque jour, et ce durant toute leur vie. Rappelez-vous que vos pensées influencent votre attitude.

La peur et le jugement sont à la base des pensées négatives. Elles reflètent les vieilles blessures du passé qui n'ont pas été guéries. Vos pensées négatives sont les effets résiduels de ces moments où vous vous êtes senti déçu ou abandonné. Elles résultent de vos expériences passées. Voilà pourquoi vous êtes susceptible de penser que vous allez échouer à un examen important ou que vous perdrez un match. Ou encore vous croyez que votre vol d'avion sera retardé ou même annulé. La peur est sous-jacente à beaucoup de nos pensées négatives et celles-ci transmettent de la peur plutôt que de l'espoir.

En prenant conscience de vos pensées, vous prendrez conscience de vos peurs. Avez-vous peur d'échouer ou de réussir ? Avez-vous peur d'être seul ou de commettre une erreur ? Avez-vous peur de ce que les autres pensent de vous ? La peur suscite les pensées négatives.

La plupart des pensées négatives reposent sur la peur.

Vous vous débarrasserez de vos pensées négatives en vous débarrassant de votre peur. Bien sûr, ce n'est pas aussi simple qu'on le croit. La plupart des gens compensent pour leurs pensées négatives parce qu'ils sont incapables de les éliminer complètement. Ils trouvent plutôt des moyens de les éviter.

L'une de leur stratégie pour maîtriser leurs pensées négatives consiste à demeurer toujours occupé : *je ne veux surtout pas y penser*. Ils se trouvent donc une activité, que ce soit vérifier leur chéquier et leurs relevés bancaires, ranger un placard ou faire les courses. Ils font tout pour éviter de demeurer assis tranquille, car cela incite à la réflexion. Et comme personne ne souhaite avoir de pensées négatives à propos d'une situation particulière ou pire, de leur vie, ils essaient de se distraire en ayant toujours quelque chose à faire. Ils peuvent aussi faire plusieurs choses à la fois. Ils tricotent tout en regardant la télévision. Ils s'assurent de toujours être affairés pour tenir éloignées les pensées négatives. Cette forme d'évitement fonctionne à un certain degré, mais elle vous oblige aussi à demeurer sur vos gardes au cas où des pensées négatives surgiraient inopinément.

Les pensées négatives vous empêchent de connaître l'abondance en créant des obstacles sur votre route. Et chaque crainte représente un autre obstacle. Songez au nombre de pensées négatives que vous avez en une seule journée. Combien d'obstacles créez-vous ainsi ? Quand vous croyez que tout ira mal et que les choses ne se dérouleront pas tel que prévu, vous avez alors tendance à vous préparer à être déçu. Vous croyez peut-être qu'en anticipant le coup, votre déception sera moins grande. Vous n'en serez pas plus heureux pour autant mais, au moins, vous ne serez pas surpris. Vous vous dites peut-être : *je savais que cela allait se produire*.

Bon nombre de gens sont habitués d'anticiper ce qu'ils craignent : *je crois bien avoir échoué à l'examen* ou *je crois que mon entrevue s'est mal déroulée*. Ils ne connaissent pas les résultats qu'ils prévoient déjà un échec et une déception. Ne vous torturez pas prématurément avec des pensées négatives et des peurs. Choisissez de penser différemment.

**N'ayez que des pensées positives
et n'anticipez que des résultats positifs.**

Les pensées ne sont que des illusions, c'est-à-dire qu'il est facile de *penser* qu'une chose va se produire, même si elle ne se produit jamais. De même, vous pouvez penser qu'une chose ne se produira pas, alors qu'elle se produit dans les faits.

Il est impossible de se fier aux pensées. Admettez vos pensées, mais ne les laissez pas dévorer votre vie. Ce ne sont que des pensées après tout. Ne les laissez pas dicter votre vie. Choisissez de penser moins. En effet, le flux incessant des pensées peut semer en vous de la confusion. Il n'est pas étonnant que des millions de gens souffrent régulièrement de maux de tête. Ils pensent trop ! Ils se sont transformés en cauchemars intellectuels. Si vous êtes toujours en train de penser et avez tendance à imaginer le pire, vous êtes vous aussi devenu un cauchemar intellectuel. Sortez de votre tête !

Laissez votre esprit se détendre un peu. Il en a bien besoin ! Votre niveau de stress résulte moins des situations que vous expérimentez dans votre vie que de la façon dont vous les percevez. Ce sont vos *pensées* et non la situation en tant que telle qui causent du stress. En d'autres termes, quand vous pensez que vous avez beaucoup de choses à accomplir, vous vous sentez dépassé et stressé. Il n'est donc pas étonnant que vous ressentiez du stress avant même d'avoir commencé l'activité, et ce stress provient de vos pensées. Quand vous anticipez une difficulté, cela signifie que vous pensez « Je ne peux pas ». Et si vous vous dites que vous ne pouvez pas accomplir une chose, vous risquez de ne pas vous efforcer, mais de céder plutôt aux pensées négatives.

Pensez moins et ressentez davantage.

Les pensées vous empêchent d'être à l'écoute de vos sentiments. En effet, il est plus difficile de ressentir les choses quand vous laissez vos pensées dominer. Il faut dire que notre société est beaucoup plus à l'aise avec la raison qu'avec les émotions. Les gens demandent souvent aux autres ce qu'ils *pensent* à propos d'une situation avant de s'intéresser à ce qu'ils *ressentent*. Peu importe ce que vous pensez, cela ne veut pas pour autant dire que vos pensées ont du sens. Elles peuvent être erronées. Par exemple, même si vous croyez qu'un énorme monstre vert se trouve de l'autre côté de la porte et que vous n'osez pas ouvrir celle-ci parce que

vous avez trop peur, cela ne signifie pas qu'il y a effectivement un monstre. Vous croyez simplement qu'il y est et vous
réagissez en conséquence.

Vous avez peut-être l'habitude de penser ainsi et vous
vous convainquez que ce que vous pensez est vrai, même si
ce n'est pas le cas. Vous pourriez, par exemple, croire que
votre partenaire est attiré par quelqu'un d'autre, alors que
cette pensée n'a aucun fondement. En fait, les gens pensent
souvent en fonction de ce qu'ils craignent le plus.

Il est facile de confondre nos pensées avec notre perception. La perception repose sur la façon dont vous voyez et
vivez les situations. Et il est difficile de distinguer la pensée
de la perception, car elles sont souvent amalgamées. Et pourtant, la perception risque d'être encore plus trompeuse parce
qu'elle repose sur une interprétation personnelle. Vous
modelez votre perception de manière à ce qu'elle réponde à
vos besoins et qu'elle se rapproche de vos pensées.

Vous êtes maître de vos pensées, alors choisissez-les bien !

Choisissez d'avoir des pensées qui sont favorables à vos
désirs. En transposant le sens qu'on peut donner à l'affirmation « pensez ce que vous voulez », apprenez à penser en
fonction de vos intentions. Ne pensez qu'à ce que vous
voulez qui se produise. Demandez-vous : « Qu'est-ce que je
souhaite qui arrive ? » Vous alignerez ainsi vos pensées sur
vos désirs.

Les pensées sont des intentions silencieuses. Même si
vos pensées sommeillent au fond de votre esprit, elles solli-
citent l'intention de l'Univers. Ce que vous pensez — et la
façon dont vous pensez — influe grandement sur votre parcours de vie. Vos pensées constituent un lien direct avec le
monde spirituel, là où les rêves et les désirs se réalisent régulièrement. Ce que vous choisissez de penser a le pouvoir et

le potentiel de devenir vrai. Les pensées sont de l'énergie. Elles mettent en mouvement les désirs.

Les pensées influencent l'issue des choses.

Même si elles sommeillent en vous, vos pensées s'avèrent de puissantes méthodes de communication. Une graine plantée dans le sol est invisible, et pourtant elle a la capacité de croître et de devenir un arbre géant. Vos pensées sont des graines ; et les pensées bénéfiques donnent des résultats positifs. En effet, les pensées que vous choisissez d'avoir ont le pouvoir de créer des choses extraordinaires dans votre vie. Ne semez que des pensées bénéfiques.

Si vous êtes de nature optimiste, vous n'aurez aucune difficulté à aligner vos pensées sur vos désirs ; sinon, vous devrez faire preuve de vigilance. Prenez conscience de vos pensées, elles doivent correspondent à vos désirs. Si vous voulez une promotion, dites-vous que vous l'obtiendrez. Ne commencez pas à analyser la situation ou à vous laisser envahir de pensées négatives telles que « il n'y a pas d'autres postes en vue » ou « personne ne quitte ce service ». Choisissez de croire que tout est possible. Pensez à ce que vous voulez qui arrive et non pas à ce qui *pourrait* arriver. Tout peut arriver. Le fait de penser qu'il n'y a pas d'autres postes ou que vous n'obtiendrez pas la promotion attire ce résultat. Pensez de manière intentionnelle et seulement en fonction de vos désirs.

Faites attention à ce que vous pensez. Les pensées sont des puissantes expressions de vos intentions. Si vous pensez que quelque chose de négatif va se produire, vous augmentez les risques que cela arrive. Les pensées qui reflètent la peur donnent des résultats négatifs. De même, si vous pensez en fonction de ce que vous souhaitez expérimenter, vous avez plus de chance d'attirer ce que vous désirez. Les pensées ont un immense pouvoir ! Ne pensez qu'en fonction de vos désirs et prenez bien note de ce qui arrive dans votre vie.

Relisez la liste de vos désirs à la fin du chapitre 3 et chassez toute croyance négative que vous pourriez avoir à propos de vos désirs. Croyez-vous que vous ne rencontrerez jamais un partenaire qui partage les mêmes intérêts que vous ? Croyez-vous que vous ne serez jamais accepté à la faculté de médecine, même si c'est ce que vous désirez le plus au monde ? Effacez ces pensées négatives ! Ayez confiance que tout est possible — et observez avec émerveillement ce qui se produit. Vos désirs peuvent devenir réalité grâce à vos pensées. Choisissez ce que vous désirez et croyez que votre désir a toutes les chances de se réaliser.

Les pensées influencent votre présent et votre avenir. Rappelez-vous que ce que vous croyez qui pourrait se produire peut en effet se produire. Soyez conscient de vos pensées et modifiez toute pensée négative ou toute pensée qui reflète la peur. Les pensées négatives ne vous sont d'aucune utilité. Vous désirez une vie emplie de choses et d'expériences merveilleuses. Entretenez des pensées positives.

Prenez aussi l'habitude d'anticiper des expériences et des résultats positifs. Imaginez toutes les issues positives pouvant résulter d'une situation particulière. Par exemple, supposez que votre colocataire a décidé d'emménager avec l'amour de sa vie. Quel impact aura cette décision sur vous ? Quelles pourraient en être les issues *positives* ? Vous vivrez peut-être seul pendant une certaine période et trouverez l'expérience enrichissante. Ou vous trouverez un autre colocataire qui partage les mêmes intérêts que vous. Votre partenaire amoureux pourrait aussi venir vivre avec vous. Ou peut-être trouverez-vous un appartement qui coûte moins cher. N'anticipez que le meilleur. Peu importe la situation, choisissez de penser aux possibilités positives.

Les gens négatifs ont tendance à croire qu'ils ne méritent pas que leurs désirs s'accomplissent. Ils croient qu'ils ne peuvent pas obtenir un diplôme universitaire ou la maison de leurs rêves parce qu'ils n'en sont pas dignes et éprouvent souvent de la jalousie ou du ressentiment envers ceux qui réalisent leurs propres rêves. Ne perdez pas d'énergie à avoir des pensées alimentées par des sentiments négatifs comme la honte ou l'impression de manquer de mérite. Donnez-vous la permission d'avoir ce que vous désirez et évitez de punir les autres parce qu'ils obtiennent ce qu'ils désirent. Rappelez-vous que l'abondance est un droit à la naissance !

Choisissez de penser d'une manière qui vous est bénéfique.

Changez vos pensées et vous changerez votre vie. Rappelez-vous chaque jour que vous méritez tout ce qui est bon. Apprenez à recevoir des autres sans éprouver de honte ou de culpabilité. Acceptez tout ce qui est bon et agrémente votre vie. Acceptez les cadeaux, les gentillesses et les compliments. Dites « merci ». Le sentiment de ne pas mériter les bienfaits des autres entraîne de la culpabilité. Vous vous sentez alors obligé de rendre la pareille ou de retourner la faveur le plus tôt possible. Cessez d'avoir peur que les autres pensent du mal de vous ou ne vous aiment pas si tout n'est pas égal entre vous. Il n'est pas nécessaire que tout soit égal. Laissez les gens se montrer gentils avec vous. Vous méritez les marques de gentillesse. Ouvrez les bras et votre vie afin d'apprendre à recevoir. Vous méritez toutes les belles choses de la vie.

Vos pensées ont le pouvoir de vous attirer une vie d'abondance, alors prenez l'habitude de penser positivement. Tout comme il y a deux côtés à une médaille, il y a toujours deux façons d'entrevoir une situation. Chaque pensée négative possède son contraire, c'est-à-dire une pensée positive.

Trouvez le côté positif. Face à une situation, demandez-vous : « Quelle serait la façon *positive* d'envisager cette situation ? »

Expérimentez les choses telles qu'elles se présentent, plutôt que comme vous croyez qu'elles sont. Vos pensées sont susceptibles de vous aider ou de vous empêcher d'avancer. Si vous croyez que quelque chose de négatif va se produire, vous risquez de chercher des faux-fuyants. Ou pire, vous abandonnerez complètement. Avancez et trouvez le côté positif dans toutes les situations. À force de chercher, vous verrez qu'il est encore plus facile de le trouver. Vous découvrirez vite qu'il n'est pas nécessaire de chercher autant qu'avant. Les pensées positives viendront facilement, tout comme l'abondance.

L'abondance vient avec peu d'efforts.

L'optimisme est une disposition de l'esprit qui vous sera utile toute votre vie. Le fait de penser positivement engendre chez vous une attitude positive, ce qui rend les dénouements favorables encore plus plausibles. Essayez de maintenir un courant positif dans vos pensées et vos expériences. Vous serez étonné du sentiment de bien-être que cela vous procurera et de l'impact sur votre quotidien. Voyez le côté positif dans toutes les choses et toutes les situations. Devenez un optimiste !

Donna était en retard au travail, mais elle devait d'abord arrêter à la banque pour effectuer un dépôt. Arrivée à la banque, elle constata que seul le service au volant était ouvert. Donna fut d'abord inquiète en voyant qu'il y avait déjà deux autos qui attendaient pour passer au guichet. Elle ignorait combien de temps elle devrait attendre et combien cela allait la mettre encore plus en retard au travail. Mais elle décida de penser que tout irait vite. Elle

répéta dans sa tête « simple et rapide » jusqu'à ce que le
véhicule devant elle s'approche du guichet. Comme son
occupant n'avait qu'un dépôt à effectuer, ce fut vite fait.
Donna avança avec joie jusqu'au guichet et fit sa transac-
tion. Elle fut reconnaissante que tout se soit effectivement
déroulé simplement et rapidement.

Alignez vos pensées sur vos intentions. Quand vous vous sentez dépassé par les événements, choisissez de penser positivement. Parfois, c'est la seule façon d'obtenir un résultat positif. Choisissez de penser positivement peu importe la situation. Les pensées positives donnent de merveilleux résultats — pour ne pas dire étonnants.

Choisissez de penser qu'il y aura peu de gens dans la file d'attente du bureau d'inscription, qu'il y aura encore des places disponibles dans le cours et qu'on vous offrira un emploi. Dites-vous que l'appartement que vous voulez sera disponible et qu'il y aura suffisamment de fonds dans votre compte pour les chèques que vous avez faits. Dites-vous aussi que votre colocataire sera à la maison le jour où vous oublierez vos clés. Pensez que le devoir sera facile et que, dans la file d'attente du supermarché, vous aurez suffisamment d'argent sur vous. Pensez que vous obtiendrez de bons résultats, que la banque approuvera votre prêt et que le soleil brillera telle ou telle journée.

Pensez avec certitude et non avec ambivalence. Vos intentions doivent être claires et concises. Évitez d'être ambivalent, car cela crée de la confusion et des résultats imprécis. Sachez ce que vous voulez vivre comme expérience et alignez vos pensées en conséquence. Pensez à ce que vous souhaitez.

Il faut autant d'effort pour être positif que pour être négatif. La différence réside dans le résultat. Obtenez le résultat souhaité en alignant vos pensées sur vos intentions.

Pensez que le résultat sera bon et non mauvais.
Pensez que tout sera facile et non difficile.
Pensez qu'il s'agit d'un choix et non d'un sacrifice.
Pensez à un dénouement heureux et non triste.

Luttez-vous présentement contre certaines pensées ? S'agit-il de pensées négatives ou alimentées par la peur ? Si oui, faites l'exercice de la page suivante et transformez vos pensées négatives en pensées positives.

Pensez à ce que vous voulez qui arrive, mais faites en sorte que ce soit dans votre meilleur intérêt.

Enfin, il est important de croire en vous. Il est plus facile d'entrevoir positivement les situations ou les expériences quand vous avez confiance en vous. Le célèbre conte pour enfants *The Little Engine that Could*[2] nous rappelle tout le pouvoir de la pensée. Face à un défi, commencez par vous dire que vous pouvez le relever : « Je crois que je peux. »

Choisissez de croire que tout est possible, malgré les apparences. Pendant que vous vous efforcerez de relever le défi, vos pensées évolueront de « je crois que je peux » à « je sais que je peux ». L'expérience vous obligera à mettre à l'épreuve votre confiance en vous. Une fois le défi relevé, vous pourrez vous dire « oui, je peux ! ». Croyez en vous et créez une vie d'abondance.

Votre succès sur le chemin de l'abondance dépend de ce que vous croyez. Ce que vous pensez de vous-même, de votre vie et de vos rêves est une question de choix. Choisissez de croire que tout est possible, qu'il n'y pas de limite. Puis détendez-vous et observez votre vie se dérouler sous vos yeux.

---

2. N.d.T. : *Le petit train bleu*, traduction libre.

Comment transformer les pensées négatives
en pensées positives.

Notez les pensées négatives qui vous empêchent d'attirer l'abondance. Réécrivez ensuite chaque pensée négative en la transformant en pensée positive. Par exemple, la pensée négative *je ne suis pas assez bon* pourrait être reformulée comme suit : *je suis assez bon.*

Alignez vos pensées sur ce que vous voulez qui se réalise. Rappelez-vous ces pensées positives chaque fois que vous vous mettez à douter. Transformez les pensées négatives en pensées positives. Et accueillez avec joie les résultats souhaités !

Pensées négatives
(Prenez une feuille pour y répondre)

Pensées positives
(Prenez une feuille pour y répondre)

CHAPITRE SIX

L'art de la visualisation

Si vous pouvez le rêver, vous pouvez le faire.

Walt Disney

La visualisation est un art ; elle exige de la créativité. Beaucoup de gens, cependant, préfèrent céder au réalisme plutôt que de laisser libre cours à leur imagination créative. Ils ont peur d'être déçus, alors ils finissent par se convaincre qu'ils doivent « le voir pour le croire ». Ils ne savent plus comment rêver.

Comme il s'agit d'une forme essentielle de l'expression créative, l'art encourage l'imaginaire : si vous pouvez l'imaginer, vous pouvez le réaliser. Cette philosophie s'applique aussi à l'abondance. Comme pour l'art, la vie est tout ce que vous en faites. Les artistes choisissent les couleurs et le moyen d'expression avec lesquels ils créeront une œuvre ou une expérience. La créativité guide tout leur processus artistique. De plus, les artistes acceptent de commettre des erreurs qu'ils considèrent comme faisant partie du processus. Leur créativité s'en trouve ainsi accrue, car les artistes savent transformer les erreurs en œuvres d'art.

Si seulement vous pouviez voir ainsi la vie ! Vous considéreriez les erreurs comme des occasions de créer quelque chose de mieux encore que ce que vous auriez pu imaginer avant de commettre une bévue. Les erreurs créent d'autres possibilités.

Avec une telle vision de la vie, vous voyez ce qu'il y a de meilleur dans toutes les situations. Vous trouvez la paix et le contentement dans les circonstances imprévisibles de la vie. Comme le disait David Baird : « Si la vie vous donne des citrons, faites-en de la limonade ». Apprenez à tirer le meilleur parti d'une mauvaise situation. Vous finirez par croire que ce qui arrive devait arriver.

Il n'y a pas d'erreurs dans la vie,
seulement des occasions imprévues.

Tout comme un artiste trace des couleurs sur une feuille de papier, vous aussi pouvez colorer les événements de votre vie. Même si vous ignorez ce qui va se produire dans votre vie, vous pouvez choisir d'être confiant que tout ira bien. La vie est bonne, alors tout ce qui arrive, même l'inattendu, est potentiellement bon. Beaucoup d'artistes ont la capacité de visualiser leur œuvre avant de commencer à dessiner, à peindre ou à sculpter. Et cette vision les guide durant tout le processus de création.

Êtes-vous une personne visuelle ? Êtes-vous capable de visualiser dans votre tête vos rêves et vos désirs avant qu'ils ne se réalisent ? Pouvez-vous voir votre futur diplôme accroché au mur ? Pouvez-vous voir votre maison à la campagne ou votre entreprise dans votre communauté ? Vous voyez-vous vivre dans un autre coin du pays ? Vous voyez-vous marié et en train de prendre soin de votre enfant ? Comment voyez-vous votre vie se dérouler ?

Qu'êtes-vous prêt à imaginer ?

Bien que tout le monde soit doté d'une imagination, peu de gens l'utilisent à leur profit. Ils parviennent très bien à imaginer des malheurs, mais ont de la difficulté à visualiser des événements et des résultats positifs. Les gens refusent aussi de croire en leur imagination et préfèrent s'en tenir aux faits. Ceux-ci les sécurisent, contrairement à la fiction. Bien sûr, les faits sont nécessaires et importants, mais ils limitent votre vision.

L'imagination est puissante. Elle nous permet de penser de manière créative et sans aucune contrainte. Tout est possible. Votre imagination permet d'exprimer vos rêves.

Qu'arriverait-il si vous imaginiez que vos rêves se réalisent ? Et surtout, que *pourrait*-il arriver ?

Les enfants sont libres de rêver et d'utiliser leur imagination active. Les adultes, par contre, sont obligés de « faire preuve de sérieux ». En tant qu'adulte, vous êtes confronté à la réalité tout en éprouvant de l'incertitude face à ce que vous voulez faire de votre vie. La société détermine vos besoins en faisant référence au temps. On vous dit qu'il est temps de trouver un emploi, qu'il est temps d'aller à l'université et qu'il est temps de vous marier. Notre société croit en la philosophie qu'« il faut toujours être actif par peur de perdre son temps ».

Malheureusement, cette philosophie ne tient pas toujours compte de vos rêves ou de leur niveau de préparation. Vous subissez sans doute la pression de devoir prendre des décisions susceptibles d'affecter le reste de votre vie. Ainsi, si vous décidez de vous marier ou de déménager de l'autre côté de l'océan, votre vie sera complètement changée. La pression du temps contribue à vous faire abandonner vos rêves.

Vous pourriez ainsi joindre l'armée parce que vous ne savez pas quoi faire d'autre. Vous savez simplement qu'il est temps de faire *quelque chose*. Quand on vous presse de prendre une décision, vous vous pliez à la contrainte. Vos décisions sont alors déterminées par la pression du temps et non par vos désirs.

Même s'il est temps de faire *quelque chose*, êtes-vous certain que cela correspond vraiment à un désir ? Ou vous pliez-vous simplement aux exigences de la société et à la pression du temps ? Après vos études, la pression sociale veut que vous plongiez dans un monde qui ne vous est pas familier et qui fait peur. D'une certaine manière, ce saut dans l'inconnu ressemble à la naissance. Dans le ventre de sa mère, l'enfant qui est poussé vers l'extérieur par une force inconnue n'a aucune idée de ce qui arrive. La vie a cette façon de vous pousser vers l'avant, que vous soyez prêt ou non. Vous vous sentez obligé de prendre des décisions avant de savoir ce que vous voulez faire de votre vie. Et plus vous sentez de pression, plus vous vous précipitez, sans trop savoir dans quelle direction aller ni de quelle façon cette pression vous influencera.

Prenez le temps nécessaire de choisir et de comprendre la direction que vous souhaitez donner à votre vie. Suivez vos rêves. Ne vous laissez pas influencer par la pression des autres. Prenez des décisions réfléchies plutôt que basées sur la peur. Les gens craignent souvent de manquer le bateau s'ils suivent leurs rêves. Cependant, si vous prenez le temps de prendre des décisions délibérées, vous monterez à bord du bateau peu importe l'heure du départ. Après tout, ce sont vos rêves et *vous* êtes le maître à bord.

Cette habileté à visualiser vos rêves vous permet de vous préparer pour le meilleur et d'éviter de laisser la peur vous envahir. Vous pouvez anticiper l'avenir que vous désirez et vous disposez ainsi du temps nécessaire pour identifier vos rêves avant de les réaliser.

La visualisation est axée sur la fixation d'objectifs. En effet, les objectifs jouent un rôle précieux pour créer la vie de vos rêves. Ils vous guident dans votre parcours. Quelle direction souhaitez-vous donner à votre vie ?

Le mois de janvier est traditionnellement associé à la période de résolutions du nouvel An. C'est l'occasion d'élaborer vos rêves. Au lieu de prendre des résolutions, fixez-vous des objectifs. Les résolutions sont temporaires : elles sont vite abandonnées au bout de quelques heures ou quelques jours. Les objectifs, en revanche, vous permettent de parcourir le chemin nécessaire pour apporter des changements dans votre vie. Notez vos objectifs par écrit afin de mieux les visualiser, car ce qu'on voit a tendance à se manifester plus rapidement que ce qu'on ne voit pas. Passez régulièrement vos rêves en revue au cours de l'année afin de voir s'ils sont toujours pertinents. Vous ne voudriez surtout pas voir se réaliser quelque chose que vous ne désirez plus.

La visualisation vous permet d'anticiper la réalisation de vos objectifs et de vos rêves. Vous pouvez ainsi vous imaginer en train de recevoir votre diplôme universitaire ou d'enseigner à une classe d'enfants. En fermant les yeux, vous pouvez voir à quoi ressemblent vos désirs avant même qu'ils ne se manifestent. Vous voyez dans votre esprit votre maison de rêve. Vous vous voyez embrasser une certaine carrière ou au volant d'un certain véhicule.

Certaines personnes n'ont aucune difficulté à visualiser des lieux, des choses et même d'autres personnes. Elles sont capables de fermer les yeux et de voir des images précises. D'autres ont beau fermer les yeux, elles ne voient rien. D'où vient cette différence ? Comment est-ce si facile pour certaines et impossible pour d'autres ? Tout est dans la tête.

La visualisation n'est rien d'autre que la capacité de rêver. Certaines gens sont des rêveurs naturels. Ils ont le don de rêver ou de fantasmer sans effort. Ils peuvent regarder par la fenêtre ou rêvasser, tout en accomplissant leurs tâches quotidiennes. Aux yeux des autres, ils ne semblent rien faire, alors que leur esprit s'emploie à élaborer différents détails. L'esprit des rêveurs est toujours actif, jamais au repos. Les rêveurs sont capables d'imaginer bien au-delà de leur sphère de connaissance. Ils ont le don de voir au-delà de la réalité et de pénétrer dans un monde où les possibilités sont infinies. Ils sont capables d'imaginer ce qui *pourrait* arriver.

Les rêveurs donnent vie à leurs rêves, à l'insu des autres. Bien que certains ne font que rêvasser, il existe différentes sortes de rêveurs, mais tous entrevoient la possibilité de voir leurs rêves se réaliser. Malheureusement, la société juge les rêveurs comme des êtres inattentifs ou inaccessibles, quand en réalité ils sont en train de se servir de leur créativité pour élaborer des idées qui serviront plus tard. Les gens créatifs ont souvent des difficultés à l'école parce que leur esprit fonctionne différemment des êtres non créatifs. On s'attend à ce qu'ils pensent comme la majorité, alors qu'en fait ils pensent différemment. Les rêveurs savent visualiser naturellement et sont donc doués pour l'abondance. Tout le monde a la capacité de rêver, mais peu de gens s'autorisent à expérimenter leurs rêves.

Osez rêver.

Aidez-vous dans votre processus de visualisation en étant à l'aise de tout simplement *être* plutôt que de faire. Assoyez-vous, fermez les yeux, et laissez-vous envahir de pensées ou d'émotions. Ne censurez pas l'information en vous attardant aux détails. Quand vous croyez que tout est possible, vous pouvez rêver sans critiquer. Car l'esprit critique empêche de rêver. Il évalue les rêves en fonction de la réalité et vous pousse à les abandonner sur-le-champ. À quoi sert de rêver si vous croyez que vos rêves ne se réaliseront jamais.

Les rêves ne doivent pas nécessairement correspondre à la réalité. Ce ne sont que des points de départ à partir desquels vous pouvez identifier ce que vous voulez dans la vie. Ils surgissent automatiquement dans votre tête quand vous vous donnez la liberté de rêver. Les rêves ne sont ni vrais ni faux. Tout comme les rêves que vous faites la nuit, vos rêvasseries diurnes transmettent de l'information. Leur signification pourrait même vous intriguer. Peut-être avez-vous peur de rêver parce que vous croyez que les rêves sont ridicules et dépourvus de sens. Mais peu importe ce que vous en pensez, il est important de rêver. C'est un état naturel de l'esprit. Et pourtant, la plupart des gens font tout pour garder leur esprit occupé plutôt que de profiter des occasions de rêvasser. Ils préfèrent penser plutôt que rêver.

Donnez-vous la permission de rêver.

Les pensées vous feront facilement dévier du chemin de l'abondance parce qu'elles imposent des détails qui interfèrent avec vos rêves spécifiques. Imaginez que vous rêvez d'aller à Hawaï l'année prochaine. Malheureusement, vos pensées viennent vite bousculer votre rêverie. Vous songez à toutes les raisons pour lesquelles il vous est impossible de faire ce voyage : vous n'avez pas d'argent, vous ne pourrez pas obtenir un congé du travail ou de l'université, vous avez déjà trop d'engagements, vos parents ne voudront pas.

Résultat, vous abandonnez votre rêve.

L'abondance est abondante : elle est illimitée. Les pensées, par contre, sont limitées. Comme je l'ai déjà expliqué, les pensées sont des obstacles sur votre chemin de l'abondance. Si vous êtes comme la plupart des gens, vous cessez de rêver dès qu'une pensée qui s'oppose à vos rêves surgit dans votre tête. Vous capitulez. Comme vous êtes incapable de voir au-delà de l'obstacle, vous abandonnez vos rêves. Vous finissez par vous convaincre que vous ne pouvez pas aller à Hawaï en raison des détails que cela implique.

Combien de fois avez-vous abandonné vos rêves et vos désirs simplement en raison de vos pensées ? Il est temps de changer votre façon de penser ! Dans une vie d'abondance, il faut savoir surmonter les empêchements et les obstacles préconçus. Si l'argent constitue souvent un obstacle dans votre vie, demandez-vous : « Si l'argent ne posait pas problème, est-ce que j'irais à Hawaï ? » Faites taire vos pensées et songez plutôt aux possibilités infinies qui s'offrent à vous.

Vivre dans l'abondance, c'est vivre sans limites. Et pourtant, la plupart des gens limitent leurs rêves et leurs désirs. Ils déterminent ce qu'ils peuvent ou ne peuvent pas faire en se basant sur des faits concrets. Sachez que l'Univers ne voit pas les limites telles que nous les voyons. L'Univers ne connaît que l'abondance. Choisissez de penser comme l'Univers !

La visualisation vous permet de rêver sans limites.

Visualisez ce qui pourrait être possible, au lieu de vous limiter à ce que vous *pensez* qui est possible. Ce que vous choisissez de penser n'est qu'une goutte dans l'océan. Cela n'a aucun intérêt par rapport au plan de votre vie qui est beaucoup plus grand. Pensez toujours en fonction de vos rêves. Que souhaitez-vous voir arriver ? Pensez grand. Puis pensez plus grand encore.

Rappelez-vous que vous êtes guidé par l'Univers, une force spirituelle à la fois puissante et mystérieuse. Rien n'est impossible. Même si vous ignorez comment vos rêves se réaliseront exactement, vous devez continuer d'investir en eux. Osez croire que tout est possible. Il n'est pas nécessaire de savoir *comment* les choses se produiront, sachez seulement qu'elles *se produiront* d'une manière ou d'une autre, un jour, quelque part.

Pour attirer l'abondance, il faut croire en vos rêves. Ne vous accrochez pas aux détails. Osez rêver ! Demandez ce que vous désirez et laissez l'Univers s'occuper des détails. Vous ignorez tellement de choses de la vie. Cessez de vouloir tout contrôler et acceptez d'être agréablement surpris. Débarrassez-vous de cette tendance à demander *comment*, *quand* et *pourquoi*. Oubliez les détails. Votre tâche consiste à simplement demander ce que vous désirez. Reportez-vous à la liste de vos désirs et commencez à visualiser vos rêves.

Que voulez-vous dans la vie ?

La visualisation est un puissant outil pour manifester les rêves. Imaginez que vous rêvez depuis votre enfance de vivre en Floride. Êtes-vous capable de fermer les yeux et de visualiser votre vie en Floride ? Voyez-vous les palmiers ? Si vous ne les voyez pas, sentez-vous l'énergie liée au fait d'être en Floride ? Pouvez-vous sentir la chaleur des rayons du soleil ?

La visualisation fait appel à plusieurs sens. Pouvez-vous entendre les oiseaux et l'océan ? Si votre désir est de devenir propriétaire d'un restaurant, vous voyez-vous en train d'œuvrer dans la restauration ? Que portez-vous ? À quoi ressemble votre quotidien à la tête de ce genre d'entreprise ?

La visualisation est un art qui permet de donner vie à vos rêves. Il n'y a pas de bonne ou de mauvaise technique de visualisation ; toute méthode convient. Il suffit d'y mettre un peu d'efforts. En effet, vous devez prendre le temps de visualiser vos rêves et vos désirs.

Pour ce faire, vous devez trouver un endroit tranquille. Vous ne pourrez pas accomplir efficacement cet exercice au volant de votre automobile ou devant le téléviseur, car la visualisation exige que vous bloquiez toute stimulation extérieure pour prendre conscience de votre monde intérieur. Vos rêves sont enfouis quelque part en vous et n'attendent que d'être révélés. Pour voir et faire l'expérience de vos rêves, vous devez plonger en vous. Si vous êtes agité, il vous faudra un bon moment simplement pour vous asseoir et fermer les yeux. De même, si vous doutez de l'exercice, vous risquez aussi de vous laisser distraire facilement, surtout au début. Comme pour toute chose dans la vie, la visualisation devient plus facile à force de pratiquer. Apprivoisez le processus étape par étape :

1. Assoyez-vous confortablement.
2. Détendez-vous en silence.
3. Fermez les yeux pendant quelques minutes.
4. Fermez les yeux encore plus longtemps.
5. Respirez profondément.
6. Calmez votre esprit.
7. Laissez les visions, les sons ou les expériences apparaître dans votre esprit.

Certaines étapes nécessiteront peut-être plus de temps que d'autres. En effet, vous pourriez éprouver de la frustration ou de l'impatience lors de votre première tentative.

Soyez patient ; vous êtes débutant après tout. C'est à force de vous entraîner que vous obtiendrez des résultats positifs et non en procédant trop rapidement. Il vous faudra peut-être une semaine avant de seulement pouvoir vous asseoir en silence. Respectez votre zone de confort et prenez le temps de vous sentir à l'aise à chaque étape, plutôt que de tout faire pour obtenir le résultat souhaité, c'est-à-dire visualiser vos rêves. Rappelez-vous que la visualisation est un processus et que, pour réussir, vous devez le laisser suivre son cours. Il n'arrive rien pour rien. Si vous êtes incapable de visualiser quelque chose au départ, acceptez-le. Cela fait aussi partie du processus. Acceptez de vous plonger seulement dans l'expérience et des choses étonnantes pourraient survenir.

L'abondance exige de la patience. Pour voir vos rêves et vos désirs se réaliser, vous devez être patient avec vous-même, avec le processus et avec l'Univers. Pendant que vous apprenez à visualiser, vous apprenez aussi à intégrer ces autres éléments essentiels à la prospérité et à l'abondance.

La visualisation exige aussi de la pratique ; c'est une habileté qui s'acquiert avec le temps et la persévérance. Il ne suffit pas d'y penser, il faut s'y appliquer. Assoyez-vous confortablement, les yeux fermés, et encouragez le processus de visualisation à se déclencher. Vous devriez être de plus en plus à l'aise à force de répéter l'exercice.

La visualisation est une activité amusante. Vous aurez du plaisir à imaginer vos rêves tout comme il est amusant de dessiner les plans d'une maison ou de planifier un mariage idéal. Il n'y a rien de plus excitant que d'expérimenter vos rêves dans votre imaginaire avant même qu'ils ne deviennent réalité. Cela vous motive à continuer de créer la vie que vous désirez. La visualisation vous aide à prendre conscience que vos rêves peuvent se réaliser.

> *Justin planifiait de construire une maison depuis l'âge de dix ans. À chaque année, il ajoutait un élément à la liste des composantes. Il savait ce qu'il voulait dans sa maison, du foyer dans le salon au bain tourbillon dans la chambre principale. Il avait tracé un plan et n'a jamais cessé de penser à sa maison de rêve. Cela l'a motivé à faire des études supérieures et à entreprendre une carrière prospère. Justin était déterminé à réaliser son rêve.*

La visualisation devient plus facile avec le temps et la pratique. Si, malgré tout, vous n'arrivez pas à visualiser vos rêves, vous pouvez recourir à une autre méthode. Prenez un carton pour affiche et collez des mots et des photos qui correspondent à vos rêves et à vos désirs. Par exemple, si vous souhaitez attirer une relation amoureuse, trouvez les mots qui décrivent le mieux cette relation et collez-les sur l'affiche. Ajoutez-y des photos de bagues pour symboliser le mariage ou d'un palmier pour symboliser des vacances dans une destination soleil. Choisissez des mots pour accompagner vos photos.

Au centre de l'affiche, collez une image ou un mot qui représente votre spiritualité. Découpez le mot « Dieu » ou la photo d'un arbre ou d'une croix. Prenez n'importe quelle image ou n'importe quel mot qui correspond à vos croyances spirituelles. En plaçant ce symbole au centre de l'affiche, vous reconnaissez que l'Univers, Dieu ou une Puissance supérieure constitue la source de votre abondance. Dieu représente la force vitale derrière la manifestation de vos rêves.

Vous pouvez aussi découper dans des magazines des images et des mots qui correspondent à vos désirs. Collez sur l'affiche des éléments associés à votre idéal de vie, comme un mariage ou une famille, un emploi offrant une sécurité financière, une maison, des vacances ou un diplôme universitaire. Votre affiche est la représentation visuelle de vos rêves et de vos désirs, la représentation physique de ce que vous souhaitez voir se manifester dans votre vie. En plus d'y prendre du plaisir, le temps consacré à créer votre affiche est du temps bien investi. Disposez votre affiche bien en vue afin de pouvoir la regarder tous les jours.

La visualisation vous rapproche de vos rêves. Elle vous permet de communiquer à l'Univers que vous vous investissez dans vos rêves, que vous voulez qu'ils se réalisent, que vous croyez qu'ils se réaliseront et que vous vous engagez à aider l'Univers pour que cela se produise. La visualisation prépare le terrain. Vous pouvez voir vos rêves prendre forme avant même qu'ils ne se réalisent et vous préparer à les accueillir dans votre vie. En les visualisant, vous encouragez vos rêves à se manifester.

La réalisation des rêves exige de la patience. Évitez de vous sentir déçu ou découragé si vos rêves tardent à se manifester. Les rêves arrivent toujours au bon moment, même quand on ne s'y attend pas. Soyez patient. Ce sont vos rêves, après tout, et ils méritent votre patience et votre persévérance. Laissez-leur le temps de se développer. Ne vous pressez pas, sinon vous risqueriez de vous contenter de moins que ce que vous désirez vraiment. Accordez-vous du temps pour rêver. Visualisez vos rêves en anticipant patiemment leur concrétisation.

Concentrez-vous sur un rêve à la fois, car la visualisation affermit votre intention. Ne confondez pas l'Univers en visualisant diverses choses à la fois. Identifiez ce que vous aimeriez voir se manifester en premier. Une fois ce rêve réalisé, vous pouvez passer au suivant.

De même, n'encombrez pas votre affiche de trop d'images et de mots. Laissez des espaces vides. Il faut un peu d'ordre et de clarté au processus. Vous seriez complètement dépassé si tous vos rêves se réalisaient en même temps ou de manière soudaine. Vous pourriez alors éprouver du ressentiment et réagir en repoussant vos rêves. Laissez-les se manifester à leur propre rythme. Ne les bousculez pas. Visualisez vos rêves en train de se réaliser un à la fois et selon vos priorités.

Le bon gagne-pain.

Le rêve le plus important de bon nombre de gens est de trouver un emploi enrichissant et significatif. C'est par le travail que nous accédons à l'abondance financière et matérielle. Il fait partie intégrante du rêve américain. Bien que la plupart des gens recherchent éperdument à réaliser le rêve américain, ou l'équivalent dans leur propre culture, peu réussissent à le vivre. Ils ont beau devenir riches et acquérir des biens matériels, ils sont incapables d'éprouver les sentiments de gratitude et de contentement nécessaires pour le maintenir. Car pour vivre dans l'abondance, il faut aimer la vie et aimer ce que vous faites de votre vie.

Nous consacrons beaucoup d'heures à notre travail. Une personne typique travaille en moyenne quarante heures ou plus par semaine, sans compter le temps consacré au transport. C'est grâce au travail que les gens peuvent payer leurs factures et s'offrir le mode de vie de leur choix. Car, à moins d'être né dans une famille riche, vous devez travailler pour assurer votre survie.

Les gens choisissent rarement leur emploi ou leur carrière. En d'autres mots, ils acceptent ce qui leur est offert. Leurs décisions reposent habituellement sur la disponibilité et la commodité de l'emploi plutôt que sur un choix délibéré. Votre mère était peut-être infirmière, et vous a obtenu un emploi à l'hôpital qui offre un bon salaire et des avantages sociaux avantageux. Et vous avez accepté l'offre parce que vous avez besoin du chèque de paye.

Peut-être avez-vous accepté un emploi pour gagner de l'argent ou avez-vous changé plusieurs fois d'emploi pour la même raison — pour gagner toujours plus d'argent. Vous travaillez pour « gagner votre pain », pour payer vos factures. Vous travaillez sans doute aussi pour avoir plus dans la vie : plus de biens matériels, comme des automobiles ou des bateaux. Voilà pourquoi vous éprouvez peut-être de l'amertume face à votre travail parce que vous vous sentez obligé de le faire pour payer vos comptes.

Le travail est primordial à l'abondance. Vous devriez donc choisir votre emploi parce qu'il permet de vous accomplir et parce que vous l'aimez plutôt qu'en fonction du chèque de paye. Dans une vie, le sentiment d'accomplissement ne vient pas de l'argent, mais d'un sentiment de joie et de contentement. Il est faux de croire que vous serez automatiquement plus heureux si vous gagnez plus d'argent. L'argent fait rarement le bonheur. Trouvez un emploi qui vous passionne — et l'argent suivra.

Au moment de chercher votre emploi idéal, gardez en tête vos désirs. Servez-vous de la visualisation pour trouver le travail qui vous convient. N'acceptez pas un emploi uniquement en fonction du salaire. Même si vous devez commencer au bas de l'échelle pour acquérir plus de connaissances et d'expériences, dites-vous qu'il s'agit d'une situation temporaire. Ces premiers emplois servent de tremplins pour parvenir à faire ce que vous désirez vraiment. Choisissez un travail qui vous permettra de réaliser vos ambitions et qui correspond à vos ultimes désirs. Et empruntez la voie qui mènera à la carrière de votre choix.

Amusez-vous à expérimenter.

Essayez des emplois différents. Faites l'expérience de divers environnements et équipes de travail ; et ne cédez pas à la pression des autres. C'est à vous de décider ce que vous ferez pour gagner votre vie pour le reste de votre vie. Accordez-vous du temps pour expérimenter, pour vérifier si vos désirs correspondent vraiment à ce que vous êtes, et découvrir quels sont vos intérêts. Si vous avez envie de devenir médecin, travaillez dans une clinique médicale ou dans un hôpital pour voir de l'intérieur comment cela se passe. Et si vous découvrez que vous n'aimez pas le milieu médical, choisissez un autre domaine. Il n'y a aucune honte à essayer autre chose, peu importe la réaction des gens ; suivez vos rêves.

Évitez d'éprouver un sentiment d'échec face à un emploi particulier. Cela vous empêche d'avancer sur le chemin de l'abondance. Vous dressez alors un obstacle entre vous et votre réussite. Dites-vous que vous ne pouvez pas *échouer* sur le chemin de l'abondance. Il n'y a ni notes, ni évaluations, seulement des expériences sur le parcours des débutants. Continuez d'avancer. Ne vous enchaînez pas au premier emploi qui vous est offert. Ayez le courage de connaître diverses expériences et de découvrir ce qui vous passionne vraiment. Vous avez de nombreuses années de travail devant vous, alors choisissez un emploi qui vous convient vraiment.

On associe habituellement les carrières à des postes permanents ou à une évolution professionnelle au sein d'une même entreprise, tandis que les emplois sont souvent temporaires ou de courtes durées. Durant votre vie, vous aurez de nombreux emplois, mais seulement une ou deux carrières. Dressez la liste des emplois que vous avez occupés jusqu'à présent et notez ce que vous avez appris de chacun d'entre eux. Passez en revue cette liste et identifiez l'habileté, la force ou le type de connaissances que vous avez acquis lors de chacune de ces expériences. En les additionnant, vous découvrirez les éléments qui constituent pour vous le gagne-pain idéal — le travail qui vous convient vraiment et pour lequel vous étiez destiné.

Chaque expérience de travail vous guide
vers l'emploi idéal.

Pour trouver votre emploi idéal, c'est-à-dire le genre de travail qui est naturel pour vous, laissez-vous guider par vos premières expériences de travail. Votre emploi idéal devrait être à la fois enrichissant et significatif. Il devrait refléter tout ce que vous avez aimé dans chacun de vos emplois et tout ce que vous aimez faire : ce doit être un travail qui vous passionne et que vous avez toujours hâte d'entreprendre. Vous y prenez tellement de plaisir que vous le feriez même si vous n'étiez pas payé. Choisissez un travail qui vous convient. Choisissez votre emploi idéal.

Voici les emplois que Janice a occupés depuis son adolescence : livreuse de journaux, caissière dans un supermarché et animatrice dans une maison de retraite. En examinant ce qui ressortait de ces emplois, elle a découvert qu'elle aimait aider les autres. Elle a remarqué que dans chacun de ces emplois, elle préférait aller à son propre rythme. Elle aimait la possibilité de faire preuve de créativité et la structure liée à une bonne organisation. Elle considérait qu'il était important de s'amuser au travail, étant donné qu'elle était de nature enjouée. Ces éléments l'ont aidée à prendre conscience de son désir d'avoir une interaction personnelle avec les gens, de son intérêt à offrir un service, et de sa préférence à rendre les choses agréables pour les autres. Elle a finalement fait carrière dans une garderie pour enfants, un milieu qu'elle adore. Janice a trouvé l'emploi idéal.

Comment trouver son emploi idéal ?

Malheureusement, la plupart des gens ne trouvent jamais leur emploi idéal. Ils acceptent un travail qui ne leur convient pas sans faire de démarches pour en trouver un autre pendant des années. Ils se contentent de leur chèque de paye et d'un emploi qui n'est pas trop exigeant. Ils savent comment effectuer leur travail et ne veulent pas acquérir de nouvelles compétences. De plus, ils sont convaincus qu'ils ne peuvent pas réussir dans un autre emploi. Ou ils sont convaincus qu'ils n'obtiendront jamais le même salaire ou les même avantages sociaux s'ils cherchent ailleurs.

Ne tombez pas dans ce piège. Pour trouver votre emploi idéal, vous devez continuer d'explorer jusqu'à ce que vous trouviez l'emploi qui vous convient vraiment. Ayez le courage qu'il faut pour essayer différents emplois et carrières.

Il est beaucoup plus facile d'accepter un travail qui vous est offert que de rechercher l'emploi idéal, car cela exige à la fois du courage et de la patience. C'est également risqué. En effet, cela représente tout un défi que d'attendre de trouver la carrière idéale. Les gens pourraient exercer de la pression sur vous : « Dépêche-toi de te trouver un travail. »

Bien sûr, la plupart d'entre nous devons travailler. Ce n'est pas en restant assis à ne rien faire et en ne gagnant pas d'argent que nous réaliserons nos rêves. Cependant, ne vous sentez pas obligé d'occuper le même emploi durant toute votre vie. Ne vous contentez pas d'un travail qui ne correspond pas vraiment à vos désirs. Même s'il est difficile de renoncer à un bon salaire, vous renoncez à vos rêves quand vous acceptez un emploi uniquement pour le chèque de paye ou les avantages sociaux.

Le salaire et les avantages sociaux représentent une forme de sécurité. Accepter un emploi pour des questions de sécurité reflète votre peur de ne plus pouvoir vous nourrir ou vous héberger, votre peur de ne pas pouvoir assurer votre survie. Le besoin de sécurité est donc basé sur la peur de ne pas avoir ce dont vous avez besoin. La peur du manque. La sécurité devient ainsi un coussin illusoire qui amortit vos peurs d'être dans le besoin. La sécurité est le sacrifice que vous faites pour éviter le manque. Mais lorsque vous avez peur de manquer, vous risquez d'occuper un emploi que vous n'aimez pas jusqu'au jour de votre retraite.

Cessez d'avoir peur d'échouer, de réussir ou de ne pas avoir ce dont vous avez besoin. Nous vivons dans une société axée sur l'argent et les biens matériels, qui nous fait croire que nous avons un bon emploi si nous gagnons beaucoup d'argent et vivons dans une grande maison. Notre société croit que le fait de vouloir suivre nos passions comporte des sacrifices. Et pourtant, le sacrifice est beaucoup plus énorme lorsque vous vous contentez d'un emploi qui ne vous satisfait pas et qui finit par étouffer vos désirs.

S'il faut changer d'emploi tous les deux ans avant de trouver l'emploi idéal, faites-le. Ne laissez pas les autres vous blâmer de rechercher un travail enrichissant. Vous acquérez de nouvelles compétences et connaissances à chaque emploi que vous occupez. Il n'y a rien de mal à essayer différents emplois pour améliorer votre vie. Ne laissez pas les sentiments de peur ou la crainte d'être dans le besoin vous empêcher d'aimer la vie. Votre degré de satisfaction et de joie de vivre sera rarement déterminé par un salaire. Soyez patient pour découvrir l'emploi idéal, le genre de travail qui vous enrichit sur tous les plans et pour lequel vous êtes destiné. Choisissez un travail qui correspond à vos intérêts et à vos désirs.

Qu'est-ce que j'aimerais faire ?

Sentez-les émotions qui déferlent en vous durant un exercice de visualisation. Visualisez tout ce que vous désirez, y compris votre travail idéal. Accordez de l'importance à vos rêves et faites tout ce que vous pouvez pour qu'ils se réalisent. Pensez à ce que vous voulez, ayez confiance et visualisez-le. Vous trouverez à l'annexe B un exercice de méditation qui vous aidera à découvrir l'emploi idéal. Faites de la visualisation pour le plaisir et pour imaginer l'avenir que vous désirez. À force de visualiser, vous cheminerez gaiement vers l'accomplissement de vos rêves.

Vos buts et vos désirs.

Instructions : Dans le tableau qui suit, inscrivez vos buts et vos désirs personnels et professionnels, en commençant par ceux qui sont les plus significatifs. Par exemple, si acheter une maison neuve est plus prioritaire pour vous présentement que de retourner aux études, inscrivez ce but en tête de liste — priorité n° 1. Inscrivez ensuite vos autres buts selon leur ordre de priorité. Il est plus facile d'atteindre nos buts quand ils sont divisés en petites étapes plus concrètes.

Vos buts et désirs personnels
(Prenez une feuille pour y répondre)
- Priorités
- Buts et désirs
- Étapes pour les atteindre
- Date d'accomplissement

Vos buts et désirs professionnels
(Prenez une feuille pour y répondre)
- Priorités
- Buts et désirs
- Étapes pour les atteindre
- Date d'accomplissement

CHAPITRE SEPT

Faites une déclaration :

exprimez vos désirs

Quand on prie de tout son cœur,
il n'y a pas de faveur qui ne soit bientôt réalité !

Jiminy Cricket

La plupart des gens ont commencé à parler bien avant l'âge de deux ans. Vous devez maintenant apprendre à vous exprimer de manière à progresser sur le chemin de l'abondance. Prenez conscience de la façon dont vous communiquez présentement tout en découvrant des façons de communiquer qui vous aideront à réaliser vos rêves. Les mots sont puissants et représentent sans doute le moyen le plus efficace de manifester vos désirs. Comment exprimez-vous vos rêves et vos désirs ? Observez les mots que vous utilisez, car ils reflètent vos pensées. Si vous pensez négativement, vous risquez d'utiliser des mots qui sont en contradiction avec vos rêves et à vos désirs. Vous serez alors plus susceptible de communiquer ce que vous *ne voulez pas* qui arrive plutôt que ce que vous voulez.

La plupart des gens s'expriment de manière négative plutôt que positive. Ils utilisent couramment des expressions telles que *je ne peux pas, je n'ai pas, je ne sais pas*. Ils disent : « Je n'ai pas les moyens d'acheter une maison » ; « Je ne me marierai sans doute jamais » et « Je n'ai pas d'argent. »

Êtes-vous conscient des mots que vous utilisez et de leur impact sur vos rêves ? Observez ce que vous dites. Les expressions négatives risquent de saboter l'avenir que vous désirez, que cet avenir prenne place aujourd'hui ou dans plusieurs années. Les mots que vous choisissez auront le don d'attirer ou de repousser vos rêves. En effet, les mots négatifs empêchent d'attirer les bienfaits de la vie.

Les expressions négatives communiquent ce que vous ne voulez pas voir arriver : *je n'obtiendrai pas cet emploi, je n'ai pas d'argent pour acheter une auto neuve*. Alors qu'en fait, vous *voulez* obtenir cet emploi. Vous voulez vous offrir une auto neuve. Alors pourquoi parler en termes négatifs ? Pourquoi communiquez-vous ce que vous *ne voulez pas* voir arriver ?

La plupart des gens ont été conditionnés à communiquer ainsi, à parler négativement de leur vie et de leurs désirs. Leurs paroles reflètent leurs peurs. Si vous êtes comme eux, vous avez sûrement tendance à choisir des mots qui vous préparent à être déçu, plutôt que des mots qui expriment ce que vous souhaitez qui se produise. Nous vivons dans une culture qui ne nous encourage pas à « entretenir de bons espoirs », mais plutôt à s'attendre à être déçus.

Vous croyez peut-être qu'il est plus important de vous préparer à être déçu plutôt que d'espérer que vos rêves se réalisent. Il est même possible que vous pensiez qu'une expérience a plus de chances de se réaliser comme vous le désirez, si vous exprimez le contraire. Beaucoup de gens sont encore superstitieux par rapport à ce qu'ils envisagent pour leur avenir.

La déception est une émotion courante que vous éprouvez quand vous vous attendez à recevoir une chose et en recevez une autre. Elle représente une incapacité d'accepter l'inattendu. Mais plus vous progressez sur le chemin de l'abondance, plus ce sentiment s'atténue. Il est difficile d'être déçu quand vous vivez dans l'abondance. Changez votre façon de vous exprimer et adoptez des mots susceptibles de vous attirer l'abondance.

Évitez toute façon de communiquer qui nuit au développement et à la réalisation de vos rêves. Ne cédez pas à la tentation de vous plaindre. D'ailleurs, cette tendance s'atténuera à la longue durant votre progression sur la voie de l'abondance. Les plaintes vident vos désirs de leur énergie. Leur flux est aussi puissant et constant qu'une rivière au courant rapide. Vous pouvez commencer la journée en vous plaignant. Vous pouvez vous plaindre que l'eau de la douche n'est pas assez chaude, que votre automobile fait un bruit bizarre et qu'il y a trop d'embouteillages en vous rendant au travail. Vous pouvez vous plaindre de votre travail. Vous pouvez vous plaindre des gens. Il n'y a rien de plus facile que de vous lamenter sans cesse parce que, malheureusement, il y a toujours quelque chose dont vous pouvez choisir de vous plaindre.

Ce n'est cependant pas une façon efficace de communiquer. De plus, cette habitude de vous lamenter nuit à l'accomplissement de vos désirs. Après tout, de quoi pourriez-vous vous plaindre si vos rêves se réalisaient ? Les plaintes représentent de la tristesse et du mécontentement. Au lieu de vous plaindre, exprimez votre réel désir d'être heureux et de vivre une vie prospère. Ce sera beaucoup plus gratifiant. Choisissez de communiquer efficacement plutôt que de vous plaindre. Comme le dit le dicton : « Se plaindre ne mène à rien ». C'est particulièrement vrai sur le chemin de l'abondance. Les lamentations représentent souvent un besoin d'attention. Et les gens vous apprécieront et vous respecteront davantage si vous cessez de vous plaindre.

Le commérage est un autre exemple de communication qui nuit à l'abondance. C'est une autre façon de se plaindre d'une autre personne. Semblable chez les adultes au jeu de dénonciation auquel s'adonnent les enfants, le commérage comprend aussi l'habitude de parler dans le dos de quelqu'un d'autre et d'inclure une tierce partie plutôt que d'avoir le courage de discuter directement du problème avec la personne qui en est la source.

Évitez les ragots ! Concentrez-vous sur ce que *vous* dites ou faites, plutôt que sur les actions des autres. Et si vous devez vous attarder sur ce que font les autres, choisissez de ne tenir compte que des aspects positifs. Remarquez ce qu'une personne fait de bien et dites aux autres ce que vous avez observé. Faites l'éloge des gens plutôt que de répandre des ragots. Vous progresserez ainsi encore plus rapidement sur le chemin de l'abondance.

Les sarcasmes et les critiques sont d'autres formes courantes de communication inefficace. Les sarcasmes constituent une façon d'obtenir de l'attention tout en critiquant. C'est une forme d'humour aux dépens d'une autre personne. Les personnes sarcastiques ont habituellement de la difficulté à converser avec les autres. Elles souffrent d'insécurité et essaient ainsi de se faire accepter au sein d'un groupe. Cependant, les sarcasmes se retournent souvent contre la personne, car les gens finissent par se lasser. À la longue, les commentaires sarcastiques deviennent pénibles à entendre, avec pour résultat que les gens en viennent à éviter les personnes sarcastiques.

Contrairement à la personne sarcastique qui est capable de provoquer les rires, le critiqueur vous vide de votre énergie en quelques minutes. Personne ne veut être critiqué. De tels commentaires diminuent votre estime de soi et affectent votre valeur personnelle. Quand vous êtes critiqué, vous vous sentez blâmé pour quelque chose — y compris ce qui est indépendant de votre volonté. Les critiques entraînent souvent un sentiment de honte : *tu devrais avoir honte d'agir ainsi* ou *tu devrais avoir un peu plus de discernement.*

Face aux critiques ou aux blâmes, vous êtes susceptible de réagir de manière défensive ou de vous couper de vos émotions. Malgré vos efforts de ne pas entendre les critiques, elles continuent de s'infiltrer dans votre inconscient. En fait, il est beaucoup plus facile de nous souvenir des critiques que des compliments et des louanges. Peu importe l'expérience, les critiques blessent et, malheureusement, pour fort longtemps.

Les blasphèmes et les jurons sont une autre forme de communication qui nuit à l'abondance. Quand vous blasphémez, vous essayez de prouver un point, quoique de manière rude et négative. Les jurons cherchent à attirer l'attention : c'est ainsi que les gens affirment leur pouvoir et leur autorité. Au début, l'individu qui jure le fait souvent pour paraître « cool ». Mais cela représente aussi un besoin inconscient d'être entendu par les autres.

L'utilisation des gros mots peut avoir été héritée des parents. Ceux-ci sont étonnés quand leur enfant innocent dit un gros mot, mais comme pour beaucoup d'autres éléments de notre culture, blasphémer est un comportement qui se transmet souvent de génération en génération. En d'autres termes, si votre père jurait quand il était fâché ou frustré, vous risquez fort de jurer vous aussi dans les mêmes circonstances. Même s'il s'agit d'un comportement inapproprié ou négatif, il est souvent excusé quand les autres membres de votre famille l'adoptent eux aussi.

Beaucoup de gens ignorent que blasphémer est une forme de violence psychologique. Quand vous jurez après quelqu'un, c'est comme si vous l'insultiez. De plus, quand vous blasphémez *devant* des gens, vous faites preuve de violence envers eux, même si c'est inconscient. Par contre, si la personne devant vous jure aussi, elle ne se sentira alors pas autant attaquée émotionnellement.

L'utilisation de mots cruels ou blessants sabotera votre abondance. Quand vous utilisez des mots pour punir les autres, vous sabotez la réalisation de vos rêves. Les mots ne doivent pas servir de munition pour attaquer les autres, mais pour communiquer efficacement vos pensées et vos émotions. De plus, l'absence de mots — le fameux « mutisme obstiné » — nuira également à l'accomplissement de vos rêves.

Le recours à des méthodes de communication inefficaces vous empêchera toujours de profiter de l'abondance et des bonnes choses de la vie. Les gens qui communiquent mal affichent ainsi leurs insécurités, même s'ils essaient de déguiser ou de cacher leurs insuffisances. Les méthodes de communication inefficaces en disent plus long sur l'individu que sur l'objet de la discussion.

À l'inverse, de bonnes méthodes de communication favorisent l'accomplissement des rêves. En effet, vous aidez vos rêves à se réaliser lorsque vous vous exprimez de manière positive. Utilisez uniquement des paroles positives qui énoncent ce que vous espérez voir arriver. En incluant des mots qui appuient vos rêves, vous vous dirigerez dans la bonne voie. Communiquer efficacement signifie utiliser des phrases claires et concises pour exprimer vos désirs : « J'aurai ma maison à la campagne » ; « Je vais réussir » ; « J'ai tout ce qu'il faut pour obtenir cette promotion. »

Nous avons plutôt tendance à vouloir éviter la conversation d'une personne qui communique mal. L'inverse est aussi vrai : une personne qui communique efficacement donne envie de rester là à l'écouter afin d'absorber son énergie positive. Le communicateur efficace transmet non seulement de l'information précieuse, mais communique aussi d'une façon qui inspire les autres. Chaque pensée et chaque parole sont exprimées de manière positive.

La communication efficace est le langage de l'abondance. Prêtez attention à ce que vous dites et choisissez des mots positifs et encourageants. Choisissez des mots qui soutiennent vos rêves de manière enthousiaste. Dites ce que vous pensez. Dites ce que vous souhaitez voir arriver, ce en quoi vous croyez et ce que vous désirez vraiment : « Je vais construire une maison » ; « Je vais avoir une carrière enrichissante financièrement ». Utilisez des mots qui véhiculent ce que vous souhaitez vivre comme expérience, et ce que vous voulez qui se manifeste dans votre vie. Vous ouvrirez ainsi les canaux de l'abondance.

Proclamez vos désirs !

Si vous voulez que vos rêves se réalisent, vous devez toujours en parler de manière positive. Exprimez-les à voix haute. Certaines personnes hésitent à révéler leurs désirs aux autres. Elles craignent que les pensées et les opinions des autres viennent saboter leurs rêves. Elles croient qu'en n'avouant pas leurs désirs, elles protègent ainsi leurs rêves de la négativité des autres, une négativité qui pourrait aussi avoir un effet sur ce qu'elles pensent d'elles-mêmes et de leurs compétences.

Quand vous croyez en vous, personne ne peut vous faire abandonner vos rêves. Et l'influence de l'opinion des autres diminuera à mesure que vous apprendrez à croire en vous et en vos rêves. Il vous sera aussi plus facile de les exprimer haut et fort. Laissez l'Univers être à l'écoute de vos rêves. Ayez le courage de surmonter votre peur d'être déçu ou jugé si vous verbalisez vos rêves. Quand vous proclamez vos rêves, vous indiquez combien vous vous engagez à ce qu'ils se réalisent. Vous ne faites pas uniquement que *souhaiter* qu'ils se réalisent. Vous *savez* qui se réaliseront !

L'Univers acquiesce toujours.

L'Univers répond toujours par un « oui », surtout à ce qui est exprimé à voix haute. Par exemple, si vous dites « je vais avoir cette promotion », l'Univers répond « oui » et met le processus en branle pour que votre désir s'accomplisse. Par contre, si vous dites « je n'obtiendrai pas cette promotion », l'Univers acquiesce aussi à votre affirmation.

L'Univers suit les paroles que vous prononcez. Si vous dites que vous achèterez une auto neuve d'ici la fin de l'année, l'Univers répond « oui ». Si vous dites que vous n'aurez pas suffisamment d'argent pour acheter une auto d'ici la fin de l'année, l'Univers répond encore « oui » ! Il ne fait aucune distinction entre les demandes. Il ne fait qu'y répondre. Voilà pourquoi il est important d'utiliser des mots qui reflètent clairement vos désirs. Évitez d'être ambivalent.

Que dites-vous ?
Est-ce que c'est vraiment ce que vous souhaitez qui arrive ?
Est-ce que c'est ce que vous voulez expérimenter ?
Est-ce que c'est ce que vous souhaitez attirer dans votre vie ?

Choisissez judicieusement vos mots. Dites ce que vous pensez vraiment. L'Univers est impatient de réaliser vos rêves. Exprimez ce que vous voulez expérimenter et ce que vous voulez qui arrive dans votre vie. Ainsi, l'Univers peut enclencher le processus. Mais ne confondez pas l'Univers. Ne dites pas une chose, alors que vous voulez en dire une autre. Dites ce que vous pensez vraiment. La plupart des gens s'expriment sans vraiment tenir compte de l'impact que peuvent avoir leurs paroles.

Exprimez-vous de manière précise et intentionnelle. Les mots sont en fait des intentions exprimées à voix haute. Soyez en tout temps conscient de ce que vous dites. Les mots que vous choisissez servent soit à attirer ou à repousser vos rêves. Si vous vous surprenez à prononcer des mots qui sabotent vos désirs, renversez le courant d'énergie en disant : « Stop ! Stop ! On efface tout ! » Puis, proclamez vos désirs.

Les mots sont puissants. Vous devez non seulement dire ce que vous pensez vraiment, mais vous devez aussi penser ce que vous dites. Si vous dites que vous avez l'intention de faire telle ou telle chose, vous êtes plus susceptible de la faire. C'est une loi implicite de la nature.

La vérité est que nous avons davantage peur du jugement des autres pour ne pas avoir accompli ce que nous avions l'intention d'accomplir, que nous avons peur des conséquences liées au fait de mettre à exécution nos intentions. Nous craignons que les autres croient que nous avons menti ou pire, que nous avons échoué, avec pour conséquence que nous devenons prudents dans nos paroles et dans le choix des personnes à qui nous nous adressons.

Les gens ont peur de ne pas accomplir leurs désirs s'ils en parlent aux autres. Personne ne veut avoir honte d'admettre que ses rêves ne se sont pas réalisés. Poursuivez votre parcours sur le chemin de l'abondance en vous investissant dans vos rêves. Dites ce que vous pensez vraiment et pensez ce que vous dites. En d'autres termes, suivez vos rêves, peu importe où ils vous mènent.

Les mots ont un impact sur votre vie et sur vos rêves. Ils restent enfouis au fond de votre cœur pour que vous puissiez vous les remémorer de temps à autre. Les mots ne s'oublient pas, surtout les mots blessants ou humiliants. Soyez conscient des mots que vous utilisez et dans quels buts. Laissez les mots vous aider plutôt que de les laisser entraver votre parcours sur le chemin de la vie.

Parlez avec gentillesse et prévenance. Parlez avec sagesse et savoir. Parlez avec votre cœur et non avec votre raison. Prononcez des paroles qui expriment clairement vos désirs. Parlez avec autorité et de manière à laisser savoir à l'Univers que vous vous investissez dans vos rêves. Exprimez-vous d'une manière qui communique que vous méritez que vos rêves se réalisent. Vos rêves sont révélés au grand jour et l'Univers est à l'écoute.

Choisissez judicieusement les mots que vous prononcez !

CHAPITRE HUIT

Ayez confiance que vos désirs deviendront réalité

**C'est Dieu qui est ma puissante forteresse,
et qui me trace un chemin parfait.**

II Samuel, chapitre 22, verset 33

La confiance est une invitation silencieuse à vous rapprocher de vos rêves. Elle autorise vos rêves à se réaliser tel que vous l'avez demandé. Elle vous autorise à poursuivre vos rêves.

La confiance est une émotion difficile à ressentir vraiment. Même si vous dites facilement que vous avez confiance en quelqu'un, est-ce vraiment le cas ? La confiance est bien plus qu'un sentiment. C'est une façon particulière de réagir aux situations et aux circonstances. Tout comme la tristesse peut s'exprimer par les larmes, la confiance s'exprime par la capacité de se détendre et de laisser la vie se dérouler. La confiance est le contraire de la peur.

La peur est une réaction automatique face à la plupart des situations et des expériences de la vie. Imaginez que votre réfrigérateur cesse de fonctionner et que vous réagissez en ayant peur des coûts de réparation. Et vous avez encore plus peur en songeant que les problèmes ne font que commencer. D'autres appareils pourraient également se briser ! Comme c'est le cas chez la plupart des gens, vos pensées négatives envahissent votre esprit et alimentent votre peur. La peur est une réaction automatique à une situation imprévue. Les gens craintifs ont peur de ce qui est inconnu et inhabituel.

La peur est un sentiment que la plupart des gens connaissent très bien, mais qu'ils essaient de cacher. Après tout, avoir peur n'est pas socialement accepté. La société considère la peur comme une faiblesse à éviter. La peur est associée à la perte de contrôle : quand vous ignorez ce qui est susceptible d'arriver, vous risquez de réagir par la peur. Mais la vérité est que personne ne sait vraiment ce qui est susceptible d'arriver dans la vie, même si nous croyons le savoir.

La vie est pleine de surprises.

Vous pourriez gagner à la loterie ce soir et cela pourrait changer le cours de votre vie. De même, vous pourriez vous casser une jambe et cela aussi changerait complètement votre destinée. La vie est pleine de surprises. Est-il nécessaire de vivre dans la peur ? La peur a trop de pouvoir. Des pays entiers sont dominés par la peur.

Et pourtant, la peur est un sentiment normal, comme n'importe quel autre. Il est important de comprendre vos peurs pour pouvoir les surmonter. Il ne suffit pas d'ignorer la peur pour qu'elle disparaisse.

La peur est la première responsable de vos problèmes liés à la vie et à l'abondance. Les luttes et les épreuves naissent de la peur. Elle vous paralyse et vous empêche de progresser. Elle empêche vos désirs de se manifester. Désagréable à éprouver, la peur mettra un frein à votre vie d'abondance.

Imaginez que vous rouliez sur l'autoroute de la vie et que vous appuyiez brusquement sur les freins. Votre peur indique alors à l'Univers — la source de votre abondance — qu'il doit s'arrêter. La peur freine le processus qui mène à l'abondance. L'Univers ne veut pas vous offrir ce que vous craignez. Il ne veut vous offrir que ce que vous désirez. En conséquence, la peur affecte négativement l'accomplissement de vos rêves et l'abondance que vous souhaitez avoir dans votre vie. La peur siège habituellement au niveau subconscient. Souvent, vous n'êtes même pas conscient de vos peurs jusqu'à ce qu'elles remontent à la surface. Prenez le temps d'examiner vos sentiments de peur.

De quoi ai-je peur ?

La peur se tient devant vous tel un intimidateur qui vous harcèle et vous empêche d'avancer. Vous demeurez figé tout en blâmant l'obstacle auquel vous faites face : *je ne peux pas déménager en Floride parce que cela va contrarier mon frère.* Vous croyez que ce sont les sentiments (l'obstacle) de votre frère qui vous empêchent de partir, alors qu'en fait c'est votre propre peur. Elle est sous-jacente à la réaction de votre frère. En d'autres termes, vous doutez de vous-même et de votre décision et vous vous laissez influencer par les pensées et les émotions d'un autre.

La peur vous retient. Cessez de blâmer l'obstacle et identifiez quelle est votre peur par rapport à vos rêves. Par exemple, vous souhaitez faire des études supérieures. De quoi avez-vous peur ? Avez-vous peur de ne pas en être capable ? Avez-vous peur d'échouer ? Avez-vous peur de ne pas obtenir votre diplôme ou de ne pas trouver un emploi dans votre domaine ?

La peur contamine vos pensées et, de ce fait, sabote vos rêves. Elle veut savoir ce qui va se produire avant même que cela ne se produise. La peur par anticipation précède une expérience négative. Quand vous craignez que les choses tournent mal, vous vous préparez au pire émotionnellement, et ce même si vous ignorez ce qui va se passer. Puis, vous êtes soulagé quand vous constatez que, finalement, les choses ne se sont pas passées aussi mal que vous l'aviez craint. La peur par anticipation, comme toute autre peur, nuit à votre capacité d'attirer l'abondance. Elle vous vide de votre énergie émotionnelle bien avant qu'un événement négatif ait la chance de se produire. Surmontez vos peurs et apprenez à faire confiance à la vie. C'est ainsi que vos rêves se réaliseront.

La confiance est le contraire de la peur. Quand nous ne sommes pas certains de ce qu'il faut faire, nous devons avoir confiance. Il faut lâcher prise : *j'abandonne ; je ne peux rien faire d'autre.*

Faire confiance à la vie devient donc une attitude logique à adopter. C'est lâcher prise sans pour autant renoncer. C'est remettre avec plein d'espoir le problème ou la situation entre les mains de Dieu ou de l'Univers. La confiance vous permet d'observer et de répondre à une situation plutôt que de simplement réagir. Soit vous répondez avec confiance, soit vous réagissez par la peur. La peur est inconfortable et vous voulez vite soulager ce malaise. Si vous êtes comme la plupart des gens, vous réagissez afin de maîtriser une situation dans laquelle vous vous sentez sans défense. Vous criez après le responsable de l'aide financière de votre université parce que vous avez peur d'être privé d'une bourse, ou vous dites des paroles blessantes à votre partenaire parce qu'il part pour le week-end avec des amis.

La confiance entraîne un comportement différent de la peur. Elle est passive. Elle ne cherche ni à blâmer, ni à accuser. La confiance vous permet de laisser les choses se dérouler et de lâcher prise plus rapidement. Les situations et les circonstances vous glissent sur le dos comme l'eau sur les plumes d'un canard. Vous ne laissez pas un commentaire blessant vous tourmenter pendant des jours, des semaines, voire des années. La confiance pardonne facilement. Elle va de l'avant. Elle *encourage*, alors que la peur *décourage*. La confiance aide à construire des relations, tandis que la peur les détruit. Elle attire l'abondance, alors que la peur l'empêche.

La peur est une réaction passive. La confiance, elle, donne l'illusion que vous ne faites rien alors qu'en fait, vous agissez : vous choisissez d'avoir confiance. Vous choisissez de vous détendre et d'attendre de voir ce qui va se produire. La confiance représente bien plus que le simple fait de se détendre. Elle permet de croire sans avoir de preuve matérielle. Avoir confiance, c'est croire que quelque chose de bien va se produire avant même qu'elle ne se produise.

La confiance adore les surprises. Elle sait que ce dont vous avez besoin et ce qui est le mieux pour vous arrivera. La confiance n'a pas besoin de voir pour croire. Elle vous enseigne à « laisser les événements se produire » plutôt que de « provoquer les événements ». Parfois, il est préférable de ne rien faire et de simplement avoir confiance. Il s'agit cependant d'un comportement difficile à adopter. Souvent, quand vous éprouvez un sentiment d'impuissance, ou de la peur, vous vous sentez obligé de faire quelque chose — n'importe quoi. La confiance vous enseigne l'importance de lâcher prise sur le dénouement des choses. Elle vous permet de ne plus avoir d'attentes et d'accueillir chaque expérience pour ce qu'elle est et ce qu'elle a à offrir.

Apprenez à avoir confiance que tout ce qui arrive, ou est supposé arriver, sera positif. Avoir confiance, c'est prendre conscience que ce qui arrive devait arriver. C'est aussi anticiper les bonnes choses plutôt que les mauvaises. Il s'agit de croire, à défaut de savoir, que tout est pour le mieux. Vous ne savez pas ce qui va arriver, mais vous avez confiance que tout ira pour le mieux. Vous pouvez choisir d'avoir confiance qu'une situation ou une expérience sera positive, que tout ira bien. Vous devez faire preuve de confiance dans tous les aspects de votre vie, et ce quotidiennement — par exemple dans le cas d'un examen, d'un rendez-vous médical, d'une relation ou de votre travail. Ces expériences vous offrent des occasions de réagir avec peur ou avec confiance. Vous aurez toujours des occasions de développer votre confiance envers les gens, les situations de la vie et vous-même. Choisissez de faire confiance plutôt que d'avoir peur.

Même si cela paraît simple, il est souvent difficile d'avoir confiance. C'est cependant beaucoup plus facile quand vous croyez avoir une idée de ce qui va se produire. Mais avoir une idée de ce qui va se produire n'est pas la même chose qu'avoir confiance. C'est de la peur déguisée en confiance. C'est également humain, car les êtres humains sont peureux de nature. Mais en choisissant d'avoir confiance, vous pouvez vous sentir à l'aise même si vous ne savez pas ce qui va se produire.

Peur = réaction
Confiance = réponse

Une réaction de peur est soudaine et automatique. La confiance est une réponse patiente et réfléchie. La confiance permet aux événements et aux expériences de se dérouler, tandis que la peur s'empresse de mettre les freins.

La confiance repose sur la spiritualité.

La confiance est une expérience autant spirituelle que physique et émotionnelle. Les gens qui possèdent une spiritualité et qui croient en une puissance supérieure ont plus de facilité à avoir confiance que ceux qui manquent de spiritualité. Celle-ci offre une base de confiance.

Cela ne veut pas dire que les gens qui ne possèdent pas une forme de spiritualité n'ont pas accès à l'abondance. Ils en font tout simplement l'expérience différemment. Leur chemin est différent et comporte souvent plus de défis. Ils comptent surtout sur leurs efforts physiques pour créer de l'abondance. Ils travaillent durant de longues heures, souvent au détriment de leur famille et de leurs amis. Ces gens doivent souvent se priver d'assister à des repas familiaux et à des concerts pour gagner plus d'argent. Certains achètent des billets de loterie en espérant qu'ils pourront vivre dans l'abondance sans devoir travailler aussi fort. Leur soif d'argent et de prestige les prive de passer du temps en famille. Pour ces raisons, beaucoup de gens qui sont dépourvus de spiritualité choisissent de ne pas vivre dans l'abondance. Ils associent abondance et sacrifice. Ils ne veulent pas abandonner leur famille pour jouir d'un meilleur train de vie. Ils veulent du temps *et* de l'argent, et recherchent donc d'autres façons de gagner de l'argent afin d'avoir plus de temps.

Il est plus facile d'attirer l'abondance quand on possède une forme de spiritualité, car celle-ci joue un rôle significatif. Elle est à la base de la confiance à travers laquelle se manifeste l'abondance. L'abondance est un cadeau de l'Univers. Il n'est pas nécessaire de lutter pour l'obtenir ! Il suffit de vivre et d'être relié à la source spirituelle de l'abondance. L'abondance est un droit de naissance.

La confiance invite l'abondance.

Les gens qui croient en une présence spirituelle sont beaucoup plus avancés dans leur quête d'abondance parce qu'ils font confiance à la vie. Faire confiance, c'est savoir que vous êtes entre bonnes mains. Quand vous avez confiance qu'un être supérieur vous protège, vous n'avez pas peur d'affronter le quotidien. La spiritualité vous permet d'expérimenter la vie en sachant que quelqu'un prend soin de vous, que vous êtes tendrement guidé à travers les épreuves de la vie.

La spiritualité réconforte comme personne d'autre ne peut le faire. Elle vous comble de manière indescriptible mais complète. Sans spiritualité, les gens se sentent souvent perdus ou vides, comme s'il manquait quelque chose dans leur vie.

Ils essaient de combler ce vide au moyen de leurs biens matériels, de leurs promotions au travail et de leurs relations. Ils en veulent toujours plus : plus d'argent, plus de réussites et plus de biens matériels. Et quand ils acquièrent ou réussissent une chose, ils cherchent immédiatement à acquérir ou à accomplir autre chose. Ils ne semblent pas savoir ce qu'ils veulent, changeant souvent d'emploi ou de relation sans jamais éprouver de satisfaction. Ils essaient de combler leur vide intérieur par des choses extérieures. En tant que débutant sur le chemin de l'abondance, vous pouvez éviter d'emprunter cette voie.

La spiritualité comble ce vide intérieur comme aucun bien matériel ne peut le faire. Vous n'avez pas besoin de posséder davantage de biens, vous avez besoin d'un lien spirituel. Les gens qui ont une spiritualité et qui possèdent peu sur le plan matériel ressentent tout de même de la satisfaction et du contentement. À l'inverse, ceux qui possèdent beaucoup de biens matériels, mais n'ont aucun lien spirituel se sentent souvent mécontents et insatisfaits. Malgré leur réussite financière, ils ont l'impression que quelque chose manque dans leur vie. Un lien spirituel vous comble physiquement, émotionnellement et spirituellement. La spiritualité vous aide à vous sentir comblé !

Beaucoup de gens ont été élevés dans une famille où la spiritualité joue un rôle important. Ils ont non seulement hérité de leur nom de famille, mais aussi d'une vision spirituelle de la vie. Ils ont grandi en sachant que la vie comporte non seulement une dimension physique, mais aussi une dimension immatérielle qui ne peut être ni vue ni touchée.

La spiritualité permet de croire en *certaines* choses qui existent au-delà des limites physiques. Elle nous fait prendre conscience de l'immensité de la vie. Elle permet de voir toute situation avec une perspective beaucoup plus grande, comme dans l'exemple de la souris dans le labyrinthe.

Grâce à la spiritualité, notre vision de la vie s'élargit. Nous vivons en ayant une meilleure compréhension de notre expérience sur la Terre. La spiritualité reconnaît la présence d'une force spirituelle derrière tout ce que nous désirons et souhaitons accomplir. La spiritualité éclaire notre chemin, en limitant les obstacles et en nous rendant la vie plus facile.

La spiritualité vous aidera à vivre dans l'abondance sans les tourments habituels. Laissez-vous guider par une présence spirituelle, peu importe la forme que vous lui donnez. Explorez différentes croyances spirituelles et identifiez celles qui vous correspondent le mieux. Trouvez ce qui nourrit votre âme. Peu importe ce en quoi vous croyez, l'important, c'est de croire en quelque chose. La spiritualité vous enseigne à avoir confiance, et la confiance favorise l'accomplissement de vos désirs.

Il n'y a rien de mal à être un débutant sur le chemin de l'abondance et à faire des découvertes sur vous-même, sur vos croyances et sur votre vie. La spiritualité fait partie de ce parcours. Ayez confiance que votre cheminement vous guidera vers une meilleure compréhension de la spiritualité, car pour en faire l'expérience sur le plan individuel, il faut être ouvert à cette dimension.

La spiritualité s'expérimente mieux quand vous l'apprivoisez graduellement, plutôt que quand on vous oblige à croire en une chose à laquelle vous ne croyez pas. Une spiritualité imposée crée de la résistance et les gens qui se sentent contraints de pratiquer une spiritualité finissent souvent par se rebeller. Ils associent la spiritualité à quelque chose de désagréable. Et qui souhaite pratiquer ce qui semble désagréable ? Prenez le temps de développer votre spiritualité de manière agréable. Soyez patient. Assistez à des activités et faites des expériences qui cultivent votre dimension spirituelle. Et répétez celles avec lesquelles vous êtes à l'aise et qui vous sont agréables.

La spiritualité s'accompagne d'un réseau de gens qui représentent la dimension physique du lien spirituel. Les gens que vous rencontrez dans un contexte religieux jouent donc un rôle significatif. Malheureusement, on croit souvent que les « pratiquants » ont tendance à juger et à critiquer les autres, et cette perception élève des murs entre ceux qui pratiquent une religion et ceux qui ne pratiquent pas.

La peur du jugement est aussi l'une des principales raisons pour lesquelles les gens refusent d'adopter une pratique religieuse. Le jugement repose sur la peur. Il ferme des portes, particulièrement dans des milieux qui, pourtant, prêchent l'amour et l'acceptation. Recherchez plutôt des communautés accueillantes qui vous acceptent sans condition.

La meilleure approche face à la vie, et la plus gratifiante, est d'avoir confiance. Vous pouvez ainsi demeurer calme et détendu, peu importe ce qui arrive. En effet, la confiance vous aide à accepter les choses, les situations et les gens tels qu'ils sont ; et à accepter la vie telle qu'elle est. Laissez la vie suivre son cours sans idées préconçues ou attentes. Ayez confiance que ce qui doit arriver arrivera effectivement.

La confiance vous oblige aussi à faire preuve de patience. Efforcez-vous de ne rien faire et d'attendre. La plupart des gens ont de la difficulté à vivre dans l'attente, car ils croient alors qu'ils n'obtiendront pas ce qu'ils désirent. Ils veulent continuellement provoquer les choses plutôt que d'attendre.

Il faut dire que l'attente est difficile. Quand on voit les choses bouger autour de nous, on a au moins l'impression qu'il se passe quelque chose. La création de l'abondance n'est cependant pas un phénomène visible. Elle ne se produit pas spontanément sous vos yeux. Voilà pourquoi elle exige que vous soyez patient et confiant.

Ce besoin d'attendre est une raison pour laquelle les gens évitent d'emprunter le chemin de l'abondance. Ils ne veulent pas attendre. Ils deviennent vite impatients et finissent par se lasser. Ils achètent des biens avec leurs cartes de crédit, alors qu'ils n'en ont pas les moyens. Ils veulent tout avoir *maintenant* en se disant qu'ils paieront plus tard.

Notre société véhicule l'idée que tous nos désirs peuvent être satisfaits rapidement. Nous avons perdu notre capacité d'être patients et d'attendre. Nous faisons le plein d'essence en payant à la pompe pour ne pas attendre en file. Nous réservons nos vacances sur Internet pour ne pas devoir attendre que quelqu'un nous confirme les disponibilités. Tout doit se faire rapidement et facilement. Et chaque fois que nous sommes contraints d'attendre, nous devenons impatients et frustrés.

L'attente est nécessaire pour que vos rêves se réalisent.

Ayez confiance que vos rêves vont se réaliser. L'abondance naît d'abord dans la dimension invisible et y passe une majeure partie de son temps. C'est dans cette dimension que vos rêves se forment, comme un enfant qui grossit dans le ventre de sa mère. Vos rêves ont leur propre période de gestation et ils se manifestent quand le processus est complété. Ayez confiance que vos rêves progressent dans la dimension invisible et se réaliseront éventuellement. Apprenez à être confortable avec l'idée de ne rien voir venir. Cela ne veut pas dire que vos rêves ne se réaliseront pas, seulement que l'heure n'est pas encore venue. Soyez patient. La capacité d'attendre est liée à la capacité d'avoir confiance. La confiance joue donc un rôle essentiel dans la réalisation de vos rêves.

Nous avons tous les jours de multiples occasions d'exprimer de la confiance. Développez votre capacité de faire confiance à la vie dans les petites expériences du quotidien. N'attendez pas que des événements importants se produisent pour vous entraîner à avoir confiance. Ayez confiance que vous arriverez à temps. Ayez confiance que vous avez suffisamment de timbres pour poster une lettre importante. Ayez confiance que la banque sera ouverte.

Ayez confiance que vous êtes entre bonnes mains et que tout ira bien. Ayez confiance que vos besoins seront comblés.

Faites confiance à la vie. Et ayez confiance que tout arrive pour une raison, en sachant qu'une force guide votre vie. Faites preuve de patience pendant que vos rêves passent de l'irréel à la réalité. Leur manifestation est imminente. Allez-y, foncez sur le chemin de l'abondance.

CHAPITRE NEUF

Générosité et abondance :
le lien entre donner et recevoir

Celui qui donne libéralement, devient plus riche.
Et celui qui épargne à l'excès, ne fait que s'appauvrir.

Livre des proverbes, chapitre 11, verset 24

Les bonnes personnes sont généreuses. Et les personnes généreuses sont bonnes. Chacun d'entre nous s'efforce d'être une bonne personne, peu importe notre définition de la bonté. En effet, notre perception de la bonté chez les autres et chez nous-mêmes repose sur différents critères.

Notre culture valorise beaucoup la générosité. Cette dernière suppose qu'une personne possède un grand cœur et est tendre et attentionnée envers les autres. La plupart des gens donnent généreusement pour aider les autres. Les personnes généreuses sont gentilles. Elles puisent autant dans leur cœur que dans leur portefeuille.

Comment jugez-vous les personnes généreuses ? Vous croyez peut-être qu'elles ont beaucoup d'argent et qu'elles peuvent ainsi en donner. Vous vous dites que vous aussi vous donneriez de l'argent si vous en aviez suffisamment.

Ce sont-là des jugements courants. Les gens jugent les autres à partir de leurs propres insécurités. Ainsi, vous jugez peut-être que les personnes généreuses possèdent des ressources que vous n'avez pas. Si c'est le cas, vous vous dites sans doute que si vous gagniez à la loterie, vous donneriez généreusement à des gens et à des organisations. Nous voulons tous être de généreux donateurs. Et surtout, nous voulons disposer de suffisamment d'argent pour pouvoir en donner. Nous aimerions tous que notre argent profite à quelqu'un d'autre. Nous voudrions faire une différence.

Il n'est pas nécessaire d'être riche pour donner.

Vous considérez peut-être la générosité comme la capacité de donner sans se priver. Vous croyez que les personnes généreuses disposent de sommes qui n'attendent qu'à être dépensées, que les riches peuvent donner généreusement parce qu'ils en ont les moyens et que cela ne leur causera aucun tort, étant donné qu'ils peuvent se le permettre. Peut-être même croyez-vous qu'ils *devraient* donner de leur argent.

Nous vivons dans une société qui croit fortement qu'il faut posséder de l'argent pour pouvoir donner, que la capacité de donner précède la capacité d'être généreux. De plus, notre société nous dit que nous devons donner pour pouvoir nous considérer comme de généreux donateurs.

Pensez à tout ce que vous donnez déjà aux autres. Vous donnez de votre temps — en participant, par exemple, à une vente de charité dans votre communauté. Vous offrez vos suggestions à des collègues pour créer des feuillets publicitaires qui attireront davantage de clientèle. Vous soumettez vos idées à la bibliothèque de votre quartier au sujet de la disposition des livres. Vous donnez des mots d'encouragement et du soutien à vos amis et à votre famille. Vous donnez des cadeaux d'anniversaire.

Pourquoi choisissez-vous de donner ?

Donnez-vous aux autres pour exprimer votre amour ou votre appréciation ? Pour leur prouver que vous les aimez ? Même si ce sont de bonnes raisons de donner, ce ne sont pas les plus courantes. En effet, bien que nous souhaitions tous donner pour les bonnes raisons, nous donnons souvent pour les mauvaises. Nous aimerions tous donner sans condition, sans attentes et pour aucune raison. Et pourtant, le contraire est beaucoup plus courant.

Parfois, les gens sont conscients des raisons pour lesquelles ils donnent. Ils le font parce que cela leur procure un sentiment de bien-être. Il y a cependant d'autres raisons de donner.

Il arrive aussi que les gens donnent parce qu'ils se sentent obligés. Ils donnent parce que c'est l'usage, comme lors d'une fête ou d'un anniversaire. Ils donnent parce qu'ils *doivent* donner. Il y a des moments où les gens s'attendent à ce que vous offriez quelque chose, et il vous est sûrement arrivé de donner alors que vous n'en aviez pas nécessairement envie.

Peut-être donnez-vous aux autres même si vous n'en avez pas les moyens. Vous donnez parce que vous avez peur de ce que les gens diront. Ou vous donnez aux autres pour qu'ils se sentent mieux. Vous offrez des cartes de prompt rétablissement et des pensées encourageantes pour remonter le moral de ceux qui sont malades ou qui traversent une période difficile. Vous donnez des fleurs aux anniversaires et à d'autres occasions spéciales. Vous donnez peut-être à des organismes de charité et à d'autres organisations pour les soutenir dans leurs efforts. Et vous donnez aussi quand d'autres se montrent généreux envers vous.

Il est possible aussi que vous donniez parce que vous vous sentez coupable ou parce que vous avez honte. Si c'est le cas, vous donnez pour vous sentir digne d'estime. Vous donnez parce que vous ne savez pas quoi faire d'autre, ou pour vous sentir valorisé et apprécié. Vous donnez pour consoler et réconforter.

Les raisons de donner peuvent être inconscientes. Ainsi, votre générosité pourrait être une façon de vous valoriser. Tout le monde veut être aimé et c'est peut-être la raison pour laquelle vous achetez des choses aux autres ou leur accordez des faveurs. Il se peut aussi que vous investissiez votre temps, votre argent et votre énergie pour être aimé des autres.

Le type de don le plus courant est le don conditionnel, qui s'accompagne d'un sentiment d'obligation. Dans ce contexte, vous vous montrez généreux parce que vous vous sentez obligé de l'être, même si vous êtes convaincu que vous voulez vraiment donner ou que c'est ce qui convient de faire :

Je donne parce que je dois le faire.
Tante Bertha m'a envoyé une carte à mon anniversaire.
Elle va être fâchée si je ne lui en envoie pas une à son
anniversaire.

Le don conditionnel est souvent associé à une mauvaise estime de soi. Les personnes se sentent obligées envers quelqu'un en raison du malaise qu'elles ressentent. Elles donnent pour éviter d'avoir une mauvaise opinion d'elles-mêmes, pour se sentir mieux. Elles ne veulent pas se sentir coupables et craignent d'être considérées comme des êtres égoïstes ou « radins ». Le don conditionnel est un moyen d'éviter les sentiments négatifs envers soi. Mais cela se retourne souvent contre la personne.

Cette forme de générosité crée à la longue du ressentiment. En effet, l'obligation de donner aux autres finit par vous irriter. Vous avez alors l'impression que vous êtes continuellement en train de donner, que vous n'obtenez presque jamais rien en échange. Vous vous demandez si les autres seront tout aussi généreux envers vous. Vous accumulez du ressentiment et donnez avec rancœur ou pas du tout. Et pourtant, donner fait partie intégrante de la vie et de l'abondance.

Que ressentez-vous quand vient le temps de payer vos factures mensuelles ? La plupart des gens détestent payer leurs factures. Ils détestent devoir donner leur argent à d'autres. Ils se sentent privés de leur argent et des autres biens qu'ils désirent. Ils associent le fait de payer leurs factures à celui de ne pas pouvoir satisfaire leurs besoins.

Songez à ceci : quand vous payez vos factures, cela signifie que vous vous offrez les biens et les services que vous voulez. Vos factures sont la preuve matérielle de ce que vous possédez, et non pas de ce dont vous devez vous passer. Les factures sont associées aux divers articles que vous désirez, y compris une maison, une automobile et une éducation. Vous payez aussi des factures pour chauffer et éclairer votre demeure. La réalité de posséder ces choses dans votre vie est positive et non négative. Donc, le fait de devoir payer pour en profiter est une bonne chose en soi, contrairement à ce que beaucoup de gens croient.

Les factures sont une nécessité de la vie.

Évitez de résister au fait de devoir donner de l'argent ou payer vos factures mensuelles. Celles-ci représentent le paiement de ce que vous avez acquis dans votre vie. Vous pouvez choisir d'en avoir peu ou beaucoup, mais vous aurez toujours des factures à payer.

Vous exécrez vos factures parce que vous avez peur de manquer d'argent. Cette peur courante vous force à vous cramponner à vos sous, à être économe et radin, si bien que vous finissez par ne plus vouloir dépenser par crainte de ne pas avoir assez d'argent.

La peur pousse les gens à accumuler leur argent. Vous avez peut-être peur de donner aux autres parce que vous croyez qu'il y a une quantité limitée d'argent disponible. Ainsi, quand vous dépensez de l'argent, vous avez peur de ne plus en avoir. Observez combien la peur nuit à votre abondance. Bien que l'habitude d'amasser vos sous vous permettra plus tard de disposer d'une certaine somme, elle vous empêche de profiter pleinement de la vie. Elle vous oblige plutôt à vivre dans la peur de manquer d'argent. Vous craignez de perdre de l'argent, et avez peur que les autres vous prennent votre argent.

La vérité est que la plupart des gens dépensent sans trop y penser. Ils ne sont pas à l'aise avec le fait d'avoir ou de gérer de l'argent. L'argent leur brûle les mains, puis après, ils se demandent pourquoi leur portefeuille est vide. C'est comme s'ils avaient les poches trouées ! Ils ont de la difficulté à économiser. Quand ils ont de l'argent, ils s'empressent de le dépenser. Il devient alors facile de ne plus savoir combien vous avez d'argent quand vous n'êtes pas conscient de le dépenser.

Mike croyait qu'il avait trente dollars, mais son portefeuille n'en contient que quinze. Où sont allés les quinze autres ? Si vous vous reconnaissez, sachez que vous n'êtes pas seul. Beaucoup de gens ont l'impression d'avoir perdu de l'argent, alors qu'en fait, ils le dépensent machinalement. Vous pourriez, par exemple, aller chez le marchand du coin et dépenser vingt-cinq dollars sur divers articles que vous n'aviez pas l'intention d'acheter. En sortant, vous vous demandez ce qui a bien pu vous coûter vingt-cinq dollars. Après tout, vous ne veniez que pour acheter une bouteille de shampoing à trois dollars cinquante. Que s'est-il passé ? Où est passé votre argent ?

Les gens dépensent souvent en faisant des achats impulsifs. En effet, la découverte d'articles en solde peut devenir une aventure excitante. Vous agissez comme si vous ne reverriez jamais plus ces articles, et vous vous convainquez que vous devez absolument les acheter. Peu importe si vous avez besoin ou non de l'article, vous voulez l'acheter *maintenant*. Vous vous dites que vous en aurez éventuellement besoin et que vous devriez faire des provisions pour plus tard. L'acte d'acheter *maintenant* constitue un achat impulsif : c'est dépenser de l'argent que vous n'aviez pas prévu dépenser sur une chose dont vous n'avez pas présentement besoin. Les cartes de crédit facilitent les achats impulsifs, car vous n'avez pas besoin d'avoir de l'argent sur vous. Vous n'avez qu'à présenter votre carte.

Dépenser est similaire à donner, car vous donnez votre argent en échange d'un article. Cependant, quand vous dépensez votre argent inconsciemment, vous avez plutôt l'impression de le perdre que de le donner. Et pourtant, vous donnez quand vous dépensez de l'argent. Prêtez attention au fait de donner consciemment et de dépenser inconsciemment. Les achats inconscients constituent une autre réaction basée sur la peur. Vous dépensez ainsi quand vous avez peur de ne pas disposer d'une chose au moment où vous en aurez besoin — vous justifiez donc votre désir de l'acheter maintenant.

En vous débarrassant de cette peur, vous apprendrez à donner de manière inconditionnelle plutôt que conditionnelle. Il n'y aura plus d'intention cachée — inconsciemment — derrière votre geste. Car donner de manière inconditionnelle signifie donner sans rien attendre en retour. Vous donnez avec amour et générosité, simplement parce que vous voulez le faire. Vous choisissez de donner du fond du cœur. Vous donnez parce que vous êtes reconnaissant et content de ce que vous possédez et que vous êtes heureux de le partager avec les autres.

Le don inconditionnel attire l'abondance.

L'abondance est une énergie spirituelle qui se déplace dans un mouvement circulaire. Il est possible que nous ayons déjà vécu ce que nous expérimentons maintenant, et que nous sommes susceptibles de le vivre encore. Il en est de même avec l'abondance. La plupart d'entre nous avons connu des périodes d'abondance et des périodes de disette. Dans la vie d'un individu, la prospérité peut aussi bien apparaître, puis disparaître.

La vie consiste donc en des périodes d'abondance et de rareté. Mais en fait, ce ne sont là que des perceptions. Vous pouvez avoir dix dollars dans vos poches et vous sentir riche ou pauvre, selon votre perception et vos sentiments. C'est cependant toujours les mêmes dix dollars. Votre perception change toutefois selon les circonstances et ce que vous ressentez. La somme de dix dollars est fixe. La quantité d'argent ne change pas — seule votre *perception* de cet argent change. Et la perception n'est rien d'autre que la façon dont vous évaluez une situation en vous basant sur vos expériences et vos sentiments antérieurs. Les perceptions sont basées sur la peur. Vos perceptions sont donc basées sur la présence ou l'absence de la peur. Ainsi, ces dix dollars pourraient vous paraître comme une somme *à peine* suffisante ou *amplement* suffisante.

La vie repose en grande partie sur notre perception et celle-ci est basée sur les expériences du passé qui gravitent autour de nous sous d'autres formes. La vie est circulaire, comme en témoignent les saisons de l'année. Après l'hiver vient le printemps, puis l'été, puis l'automne et c'est le retour de l'hiver. L'érable est dépouillé de ses feuilles durant l'hiver, mais il reprend vie au printemps. À l'été, ses nombreuses branches garnies de feuilles offrent un refuge ainsi que de l'ombrage. À l'automne, il perd ses feuilles en vue de l'hiver.

Ainsi va la vie. Il y a des périodes de nouveauté et de commencement, ainsi que des fins et des morts. La lune connaît elle aussi des phases de nouveauté et de plénitude, et recommence sans cesse le processus. La roue de la vie tourne, enchaînant les commencements et les fins à la suite des autres. L'abondance réapparaît comme les bourgeons des arbres à chaque printemps.

Vous savez au plus profond de vous que la vie est une immense roue qui tourne. Et pourtant, il vous arrive de douter de ce fait. La peur l'emporte et vous vous convainquez que la vie est linéaire, avec un début précis et une fin permanente. Rappelez-vous que la vie est circulaire. Les choses ont tendance à se répéter.

Les éléments de la vie, y compris les finances,
reviennent en boucle.

Donner est aussi un acte circulaire. Certaines fêtes constituent des occasions de donner et de recevoir, d'accorder une faveur à ceux qui ont eu la gentillesse de nous en accorder une dans le passé.

Donner et recevoir vont de pair et ce depuis longtemps. C'est peut-être la raison pour laquelle les êtres humains possèdent deux mains : l'une pour donner et l'autre pour recevoir. Certaines personnes semblent cependant plus à l'aise de donner que de recevoir. Elles sont toujours prêtes à donner, mais ne veulent pas des dons des autres. Elles se sentent intimidées ou honteuses quand les autres leur donnent quelque chose, surtout si elles n'ont rien à donner en retour. Quand quelqu'un leur fait des compliments sur leur apparence, elles cherchent à se déprécier. Elles demandent aux autres de ne pas leur donner de cadeaux ou d'argent. Elles sont du genre à dire : « Tu n'aurais pas dû » ou « Surtout, ne fais pas ça ». Elles résistent.

Les sentiments familiers de honte et d'indignité nous empêchent d'attirer l'abondance. Parce que nous ne nous sentons pas à la hauteur, nous croyons que nous ne sommes pas dignes de recevoir. Vous trouverez à l'annexe A un exercice pour évaluer vos sentiments d'indignité.

Si vous vous sentez indigne, vous risquez de vous priver prématurément des belles choses de la vie. Pour vous sentir plus digne, apprenez à recevoir sans résister. Recevez avec gratitude, plutôt qu'avec de la gêne et de la honte. Apprenez à vous apprécier comme les autres savent le faire et le prouvent en vous donnant quelque chose. Vous méritez de recevoir ! Acceptez simplement en disant merci. L'abondance est un droit de naissance. Vous méritez toutes les belles choses de la vie. Tendez les mains et recevez votre dû !

Sur le chemin de l'abondance, il est tout aussi important de donner et de recevoir. Créez un équilibre entre votre capacité de donner et de recevoir. Donnez sans éprouver de ressentiment et recevez sans résister, car la résistance barrera la route à vos rêves. Vous aurez l'impression de voir venir l'abondance alors qu'elle sera retardée pour une période indéfinie. Si vous avez l'impression que vos désirs tardent à se manifester, améliorez votre capacité de donner et de recevoir. L'abondance aura ainsi la voie libre pour apparaître dans votre vie.

L'abondance signifie avoir toujours plus que ce qui est suffisant. Votre perception des choses devrait donc être illimitée. Cessez de penser de manière limitée, en termes de « pas assez ». Adoptez plutôt des formules comme « cela me suffit » et « j'en ai amplement ». Car, en vérité, vous en avez toujours suffisamment, sauf que vous ne le pensez pas toujours. Sachez reconnaître et apprécier quand vous en avez suffisamment.

> *L'argent donné librement et avec reconnaissance*
> *a plus de chances de réapparaître dans votre vie.*

L'argent captif et donné avec réticence a moins de chances de réapparaître dans votre vie. L'argent est fait pour être donné librement. Il fait partie de cet esprit libre qui entoure la vie. Quand vous choisissez de donner de l'argent, donnez-le librement et sans condition. Soyez reconnaissant pour le service ou le bien qu'il vous permet de vous procurer. Lorsque vous remplissez un chèque pour payer votre hypothèque, dites : « Merci pour ma maison. » Remerciez pour vos paiements d'automobile. Laissez l'argent quitter vos mains avec amour et gratitude.

> *Donnez de manière à inviter l'abondance.*

Donnez librement. Imaginez que votre argent s'envole au milieu d'un tourbillon de vent. Comment réagiriez-vous ? Est-ce que, pris de peur et de panique, vous vous mettriez à courir après votre argent ? Ou éclateriez-vous de rire en disant « Ça alors ! » ? Seriez-vous dégoûté par votre argent ou le laisseriez-vous aller librement ? Crieriez-vous à l'aide ? Auriez-vous honte de voir votre argent s'envoler ainsi ? Vous sentiriez-vous impuissant au point de renoncer à le rattraper et d'accepter votre perte monétaire ?

Il s'agit là d'une façon extrême de donner librement de l'argent. Il est cependant important de réaliser que l'argent traverse nos vies comme un coup de vent. Une minute nous en avons et une minute après nous n'en avons plus. Nous l'avons donné. Bien que les gens dépensent facilement, ils sont moins susceptibles de le faire librement, car ce geste est accompagné d'un sentiment de gratitude et non de peur. Donner librement signifie que nous apprécions l'occasion de donner.

Donnez honnêtement. Donnez ce qu'il convient de donner. Si on s'attend à ce que vous payiez une chose, payez-la. Laissez un bon pourboire au serveur. Rendez l'argent que vous avez emprunté. Après tout, vous étiez de bonne foi lorsque vous avez emprunté cet argent dont vous aviez besoin. Quelqu'un a eu la gentillesse de vous le prêter. Alors, rendez-lui la somme avec le même sentiment d'amour et de gratitude que vous éprouviez au moment de l'emprunt.

Soyez un honnête payeur. N'argumentez pas au sujet de l'argent. N'essayez pas de marchander. Choisissez d'acheter ou de ne pas acheter, mais ne vous attendez pas à ce que les autres baissent leurs prix. Payez en toute honnêteté. Si vous avez fait des emprunts, soyez responsable et faites vos paiements. Si vous êtes en difficulté, informez les parties concernées que vous effectuerez un paiement le plus tôt possible.

Assumez vos responsabilités. Ne vous cachez pas la tête dans le sable en espérant que vos dettes disparaîtront. Vous avez choisi de vous endetter, alors vous devez payer en toute honnêteté. Donnez honnêtement, qu'il s'agisse d'un petit montant comme pour les frais d'inscription à un concours, ou d'un gros montant, comme pour un prêt d'auto.

Les paiements sont une forme de don. Votre employeur vous verse un salaire en échange de votre travail. Comment réagiriez-vous s'il vous demandait d'attendre et vous remettait votre chèque en retard ? C'est pourtant ce que vous faites quand vous retardez vos paiements à vos créditeurs : vous leur demandez d'attendre d'être payés. Les paiements en retard retardent l'arrivée de votre abondance. Faites vos paiements à temps et au complet. Lorsque vous trompez les autres, vous trompez l'Univers. En donnant aux autres, vous donnez à l'Univers.

Effectuez vos paiements avec amour et gratitude. Soyez reconnaissant pour le service ou le produit que vous payez. Réglez vos dettes sereinement. Envoyez vos paiements avec gratitude : vous serez surpris de tout ce que vous recevrez en retour. L'abondance repose sur l'offre et la demande. Quand vous donnez en puisant dans le puits de l'abondance, ce que vous avez donné est vite remplacé. Plus vous donnez, plus vous êtes riche. Ce que vous donnez aux autres avec amour vous est rendu au centuple.

L'amour multiplie ce que vous possédez.

L'Univers est la source de votre abondance. Ce n'est donc pas de l'argent que vous devez, car l'argent est un cadeau de l'Univers qui vous est offert en échange d'un bien ou de service sur la Terre. Vous pouvez échanger du travail pour de l'argent, mais cela demeure un échange d'énergie. Vous effectuez quelque chose et recevez quelque chose en retour. L'énergie n'est pas faite pour demeurer statique ; elle doit circuler. L'argent et les autres cadeaux de l'Univers sont des formes d'énergie qui passent entre vos mains. L'argent est fait pour être donné librement.

Quand vous donnez, invitez l'Univers à vous donner en retour de manière encore plus abondante. Même si vous ignorez la forme que cela prendra ou quel sera le montant d'argent, ayez confiance que l'Univers prendra soin de vous.

Par exemple, imaginez que vous ayez besoin de quatre cents dollars pour acheter des livres pour vos cours à l'université. Vous êtes frustré parce que vous ne parvenez pas à amasser cette somme. Cela fait cependant plusieurs semaines que vous faites paraître une annonce dans le journal pour trouver un colocataire. Pendant que vous vous inquiétez de ne pas avoir suffisamment d'argent pour acheter vos livres, quelqu'un répond à votre annonce et vous accueillez avec plaisir l'argent supplémentaire que vous procurera votre colocataire. Vous vous rendez compte que vous pourrez économiser deux cents dollars au cours des huit prochains mois. L'Univers vous a envoyé de l'argent d'une façon surprenante comme solution de rechange. Vous disposez maintenant de mille six cents dollars au lieu de quatre cents.

L'Univers ne vous apportera pas toujours les choses telles que vous les attendez. Il peut arriver que vous demandiez à recevoir un cadeau dans une boîte verte entourée d'un ruban doré et que l'Univers vous offre quelque chose de différent. Soyez attentif. Vous pourriez facilement passer à côté de ce qui vous est offert si vous n'êtes pas ouvert à le recevoir sous diverses formes. L'Univers a peut-être décidé de vous envoyer une boîte rouge entourée d'un ruban blanc. Saurez-vous reconnaître votre présent ?

La dîme et l'abondance.

La dîme est une ancienne forme de don qui est décrite dans la Bible. Dans *Le nouveau Petit Robert de la langue française*, la dîme est définie comme un « impôt, une fraction variable de la récolte prélevée par l'Église ». En d'autres termes, la dîme signifie donner dix pour cent de notre revenu à une église ou à une organisation religieuse. La dîme est donc un don spiriturel, un montant d'argent spécifique que nous offrons à une église ou à une synagogue dans le but de soutenir notre vie spirituelle.

Les coûts d'entretien et d'exploitation des églises et des autres lieux de culte sont importants. Et pourtant les pasteurs et les curés gagnent à peine de quoi subvenir à leurs besoins. Ils doivent donc compter sur les dons et les autres formes de financement pour payer les frais d'exploitation et offrir à la communauté un lieu de culte.

La dîme permet aux églises et aux synagogues de fonctionner financièrement, mais très peu de religions l'exigent. Par exemple, les catholiques sont encouragés à donner, mais ils ne sont pas obligés de verser une dîme, avec pour résultat que beaucoup de catholiques ne donnent presque rien à leur église. Enfants, ils ont sans doute vu leurs parents et leurs grands-parents lancer quelques pièces de monnaie ou un dollar dans le panier, lors de la quête du dimanche. Ils ne sont donc pas portés à donner plus qu'un dollar par semaine malgré les coûts d'exploitation réels d'une église.

Il existe cependant de généreux donateurs. Ils donnent généreusement à l'église ou à l'organisation spirituelle de leur choix. Ils donnent de l'argent pour l'achat de divers articles utilisés par l'église ou pour les travaux de rénovation.

Donnez généreusement et l'Univers
vous récompensera de manière incroyable.

Verser une dîme, c'est redonner avec gratitude à l'Univers. Vous démontrez ainsi combien vous êtes reconnaissant de tout ce que vous possédez et de tout ce qui vous a été offert. La dîme est une façon de reconnaître les bienfaits de l'Univers qui continue de vous choyer physiquement, financièrement et matériellement.

Beaucoup de gens se sentent mal à l'aise de verser une dîme. Ils perçoivent celle-ci comme une obligation de donner de l'argent à une église ou à une synagogue. Selon eux, les lieux de culte devraient être « gratuits », et ils ne veulent donc pas leur donner de l'argent.

Ces gens essaient souvent de trouver des excuses pour ne pas verser de dîme. Ils prétendent qu'ils n'ont pas d'argent à donner ou que le lieu de culte n'a pas besoin d'argent. Certains croient que les fonds ne seront pas utilisés de manière appropriée. Ils remettent en question quelques-unes des croyances ou des décisions prises par leur religion et ceux qui la dirigent. Ils ne veulent donc pas que leur argent récompense ce qu'ils désapprouvent. Pour ces gens, la dîme est un don conditionnel.

La Bible décrit pourtant la dîme comme un don inconditionnel. Ceux qui versent une dîme le font parce qu'ils veulent assurer le maintien de leur lieu de culte préféré.

Mettez en pratique les deux G de l'abondance :
générosité et gratitude.

La relation entre les religions officielles et la spiritualité s'est atténuée. Dans le passé, aller à la messe faisait partie de la vie courante. La société valorisait le dimanche comme étant une journée dédiée à la pratique religieuse et à la famille. Pour les chrétiens, le dimanche était un jour de repos. Les boutiques et les autres entreprises étaient fermées, ce qui permettait aux gens d'aller à la messe en famille et de passer du temps avec les autres membres de leur communauté. Ils cuisinaient des bons plats et passaient du temps ensemble, ou allaient rendre visite à des membres de leur famille tels que leurs grands-parents ou leurs cousins.

Pour beaucoup de gens, le dimanche n'est plus une journée de repos ou de pratique religieuse. Maintenant, le dimanche devient souvent une journée de « rattrapage », consacrée à faire les courses qu'ils n'ont pas eu le temps de faire durant la semaine. Les chrétiens ne prennent donc pas toujours le temps nécessaire pour aller à l'église.

Il faut dire que différentes activités, telles que les événements sportifs, les leçons de musique et les courses entrent maintenant en compétition avec la messe du dimanche. Il y a tant d'autres endroits où les gens aimeraient mieux être, que depuis quelques décennies, l'assistance à la messe et la dîme versée à l'église ont beaucoup diminuées. Et les gens répugnent encore davantage à verser une dîme quand ils ne fréquentent pas une église ou une synagogue en particulier. Ils ne veulent pas payer pour une chose qu'ils n'utilisent pas régulièrement.

La spiritualité est fondamentale pour apprécier la vie. La vie est agréable. La vie a un sens. N'attendez pas d'être vieux ou sur le point de mourir pour faire l'expérience de votre spiritualité. La conscience spirituelle et la sécurité qu'elle procure s'adressent à tout le monde. Faites naître votre spiritualité et reconnaissez ses bienfaits dans votre vie. Vous n'êtes pas sur la Terre pour cheminer seul, pas plus que votre parcours doit être accompagné de peur et de désespoir.

Prenez le chemin le plus facile. Empruntez la grand-route et laissez votre spiritualité vous soutenir et vous rendre plus fort. La vie déborde d'amour et de joie, mais seulement si votre cœur et votre âme sont réceptifs. Tendez les bras aux bienfaits de la vie ! Apprenez à être satisfait de la vie en vous ouvrant spirituellement et émotionnellement. Il n'y a pas de honte à dire : « J'aime la vie ». Les gens vous regarderont peut-être curieusement, mais vous vous sentirez bien et ce sentiment pourrait devenir contagieux !

La spiritualité est nécessaire à l'abondance.

Soyez ouvert à l'idée de découvrir un lien avec l'Univers, peu importe votre âge ou votre expérience. Il faut de la pratique pour devenir à l'aise avec quelque chose d'inconnu ou de peu familier. Laissez naître votre spiritualité tout en progressant dans la vie. Soyez attentif à mesure qu'elle se développe et s'approfondit. Donnez tendrement de votre temps, de vos talents et de votre argent à ce et à ceux qui soutiennent votre spiritualité. Développez votre vie spirituelle et favorisez l'établissement d'une communauté spirituelle. Les églises et les synagogues ont besoin d'argent pour pouvoir continuer de vous accueillir. Elles ont elles aussi des factures à payer. Vous ne voudriez sûrement pas aller à la rencontre de Dieu dans un endroit sombre et froid. Les communautés ont besoin de lieux de rassemblement. Donnez tendrement et généreusement pour soutenir votre vie spirituelle.

Ouvrez-vous à la puissance de l'Univers. Vous verrez des choses étonnantes se produire. L'Univers est le plus grand des donateurs. Il donne généreusement et abondamment. En fait, il ne cesse jamais de donner. Vous cesserez de recevoir bien avant que l'Univers cesse de donner. Vous pouvez tourner le dos à l'Univers, mais lui ne le fera jamais.

Même si vous êtes en colère et blâmez Dieu pour tous vos tourments, Dieu est toujours présent. Réglez vos comptes avec Dieu si c'est nécessaire. Malgré ce que bon nombre de gens croient, il n'y a rien de mal — et c'est parfois nécessaire — d'exprimer votre colère et votre frustration envers Dieu. Adressez une lettre à votre lien spirituel en exprimant vos sentiments. Vous méritez les bienfaits intentionnels de Dieu. Ouvrez les bras pour les recevoir.

Donner est une façon active de participer à la vie. Donnez votre argent. Donnez de votre temps. Donnez vos suggestions. Partagez vos compétences. Donnez simplement ! Donnez quelque chose. Donnez généreusement et inconditionnellement. Lorsque vous donnez, les portes de l'abondance s'ouvrent pour vous combler des bienfaits de la vie. La vie a beaucoup à offrir. Donnez et recevez avec amour et ayez de la gratitude pour tout ce que vous possédez et tout ce qui est à venir.

CHAPITRE DIX

Intégrité et abondance

Faites toujours le bien : cela fera plaisir à certaines personnes et étonnera les autres.

Mark Twain

Peu de gens aiment se faire dire quoi faire ou comment se comporter. Et pourtant, la plupart des journaux publient des articles qui offrent des conseils pratiques pour traverser différentes situations et circonstances. La plupart de ces articles parlent d'intégrité.

Quelle est la chose appropriée à faire ?

Les gens cherchent les bonnes réponses aux multiples questions de la vie, en souhaitant éviter de commettre des erreurs graves. Nous voulons faire la chose appropriée. Malgré cela, nous ne sommes pas certains de la bonne façon de composer avec les situations et les circonstances. Nous voulons des conseils pour aller dans la bonne direction.

Être intègre signifie faire la chose appropriée. Une personne intègre possède des principes moraux élevés. De même, l'intégrité ne consiste pas simplement à *croire* que vous êtes une bonne personne. C'est *être* effectivement une bonne personne. L'intégrité ne porte pas de masque. Si on nous posait la question, la plupart d'entre nous dirions que nous sommes des personnes intègres et morales. Mais qu'est-ce que cela signifie réellement ? Vous vous basez peut-être sur des critères inconnus pour dire que vous êtes une bonne personne. Vous vous considérez comme une personne gentille, attentionnée et travaillante. En quoi ces qualités font-elles de vous une personne intègre ?

La simple mention du mot « intégrité » peut suffire à vous rappeler d'être une bonne personne. C'est un mot qui attire l'attention. Même s'il est couramment utilisé, il est rarement défini. Vous êtes supposé savoir ce que signifie « intégrité ». Et pourtant, ce mot laisse place à beaucoup d'interprétations, si bien que vous ne pouvez pas vous empêcher de vous demander si vous êtes vraiment une personne intègre.

Fait intéressant, le mot « intégrité » semble être le plus souvent utilisé dans un contexte négatif, lorsqu'une personne en manque. De même, comme les gens croient qu'il s'agit d'une valeur dont le bilan ne peut être fait qu'à la fin d'une vie, ils repoussent le moment de se questionner : *est-ce que j'ai été une bonne personne ?*

L'intégrité fait pourtant partie du quotidien. Vous avez tous les jours le choix de faire le bien ou le mal. Et c'est votre intégrité qui vous aide à prendre les bonnes décisions, c'est-à-dire les décisions que vous ne risquez pas de regretter plus tard.

Faites preuve d'intégrité dans votre quotidien.

L'intégrité est comme une ombre qui vous accompagne sur le chemin de l'abondance. Votre ombre peut se trouver devant vous, derrière vous ou à côté de vous. Même si elle peut être plus grande que votre corps physique, elle ne devrait pas vous intimider ou vous faire peur. Soyez seulement conscient de votre intégrité en poursuivant vos rêves et vos désirs.

L'intégrité dirige le courant de l'abondance. Lorsque vous trompez les autres, vous invitez l'Univers à vous priver de vos rêves et de vos désirs. L'Univers est honnête et demande que vous le soyez également dans tous vos choix et vos interactions. L'intégrité repose sur l'honnêteté. Elle exige que vous soyez authentique.

Quand vous êtes intègre, votre droiture transparaît
aux yeux des autres.

L'intégrité s'affiche au grand jour, contrairement à la honte qui préfère être dissimulée. Quand vous êtes intègre, vous n'avez rien à cacher. Vous êtes comme un livre ouvert. Il est ainsi plus facile d'identifier ce qui peut menacer votre intégrité. De plus, avoir une bonne intégrité exige beaucoup d'efforts. Elle ne naît pas d'elle-même. Vous *devez* l'acquérir.

Être intègre, c'est être honnête, peu importe les circonstances, y compris quand vous craignez les conséquences négatives. Cela signifie que vous risquez de blesser quelqu'un ou de vous faire gronder si vous agissez ou n'agissez pas correctement. Cela signifie que vous devez payer pour la marchandise endommagée, et que vous choisissez de dire la vérité même si cela vous embarrasse ou si la situation est désagréable.

Il y a autant d'occasions de manquer d'intégrité que d'en faire preuve. Voilà pourquoi la plupart des gens ferment les yeux sur les petites entorses à l'intégrité, comme payer les factures en retard ou se garer dans un espace réservé aux personnes handicapées pour gagner du temps.

Nous manquons souvent d'intégrité pour des questions pratiques. Par exemple, il vous arrive peut-être de couper à travers le stationnement pour éviter le feu rouge à l'intersection. Quand vous n'avez pas de monnaie, vous décidez de ne pas en mettre dans le parcomètre en espérant que vous n'aurez pas de contravention. Chaque fois que vous avez peur de vous « faire prendre », vous faites une entorse à votre intégrité, car être intègre signifie toujours faire ce qui est approprié, même quand ce n'est pas pratique. D'ailleurs, votre intégrité vous semblera parfois lourde à porter. Vous devrez peut-être traverser le stationnement pour ramener le chariot au supermarché ou dans l'abri. Votre intégrité peut parfois vous obliger à revenir sur vos pas.

Votre intégrité est souvent mise à l'épreuve quand vous croyez que personne ne vous voit. Vous vous dites que personne ne remarquera que vous avez laissé tomber par accident une serviette en papier ou lancé un sac en papier par la fenêtre de votre automobile : *ce n'est qu'un sac en papier ; ce n'est pas grave.*

Il est facile de justifier un manque d'intégrité, de penser que personne ne s'en rendra compte. Vous pourriez ainsi décider de déposer un article dont vous ne voulez plus sur la tablette devant vous, plutôt que de revenir sur vos pas pour aller le replacer à l'endroit approprié. Personne ne saura que c'est *vous* qui avez fait cela. Vous savez pourtant que ce n'est pas bien, mais vous choisissez de le faire tout de même parce que c'est plus pratique.

Le manque d'intégrité se justifie aussi souvent par la croyance que « tout le monde le fait ». Les gens se sentent alors faussement autorisés à faire une entorse à leur intégrité. Ils se disent que, puisque les autres le font, ils ont eux aussi le droit de le faire, même si c'est mal. « Mais les autres le font », se disent-ils pour se justifier.

Voilà le genre de justification qu'on entend souvent dans la bouche des enfants. Vous avez peut-être appris à vous défendre durant votre jeunesse en plaidant les actions des autres. Cependant, la plupart des parents veulent transmettre de bonnes valeurs à leurs enfants et l'intégrité en fait partie. Ils veulent que leurs enfants sachent faire la différence entre le bien et le mal. À présent que vous êtes adulte et indépendant, vous devez vous efforcer d'adhérer à ces principes acquis durant l'enfance pour aller dans la *bonne* direction.

L'intégrité nous porte à faire les bons choix.

Être intègre signifie aussi assumer la responsabilité de vos paroles et de vos actes. Enfant, il vous est peut-être arrivé de blâmer votre frère ou un ami pour quelque chose que vous aviez fait. Vous aviez peur des conséquences et avez fait ce qui vous semblait naturel : vous avez blâmé quelqu'un d'autre. Continuez-vous de blâmer les autres pour des choses qui vous sont arrivées ? Blâmez-vous votre professeur pour la mauvaise note que vous avez obtenue ? Blâmez-vous le policier pour la contravention qu'il vous a donnée ? Évitez de blâmer les autres pour vos décisions. Vous êtes responsable de ce qui arrive dans votre vie, autant les bonnes que les mauvaises choses. Assumez la responsabilité de vos choix.

La société a tendance à blâmer la victime. Les victimes, cependant, blâment aussi les autres pour leurs malheurs. Vous ne réussirez jamais à sortir de votre état de victime si vous blâmez continuellement les autres pour les circonstances de votre vie. Cela contribue à la victimisation dont vous souffrez.

Soyez responsable de vous-même et de votre vie. Apprenez à effectuer de bons choix dès le départ. Évitez les situations et les expériences qui compromettent votre intégrité. Si vous avez tendance à vous fâcher facilement et à être hostile, assumez la responsabilité de vos émotions. Ne laissez pas vos blessures du passé et du présent intervenir dans vos rapports avec vos amis et votre famille. Ils ne peuvent guérir vos émotions, malgré tous leurs efforts. Soignez vos blessures. S'il le faut, allez consulter un spécialiste pour apprendre à maîtriser vos émotions négatives avant qu'elles ne sabotent votre vie. Les thérapies sont salutaires, mais vous devrez peut-être surmonter la peur ou la honte qui empêche souvent les gens de recevoir ce genre d'aide si précieuse.

L'imputabilité est un élément essentiel de l'intégrité. Assumez la responsabilité de vos décisions et de vos actions. Ne blâmez pas les autres pour ce que vous choisissez de faire ou de ne pas faire. Le fait d'être adulte vous donne la capacité d'effectuer vos propres choix. Faites des choix avec lesquels vous pouvez vivre sans difficulté et que vous êtes prêt à assumer. Aucun policier ne vous « oblige » à dépasser la limite de vitesse ou à doubler une automobile sur une voie où c'est interdit. Peu importe ce que vous voulez croire, *vous* avez fait ce choix. Vous effectuez des choix consciemment et inconsciemment.

Les décisions inconscientes sont plus difficiles à comprendre, et encore plus à changer. Quand vous prenez une décision, demandez-vous : « Quelle est la chose appropriée à faire ? » Cette question vous permet de prendre conscience de la situation et de prendre la bonne décision. Basez vos décisions sur ce que vous savez qui est approprié et non en espérant pouvoir vous en tirer.

L'imputabilité est souvent interprétée à tort comme un blâme ; et personne n'aime être blâmé. Il est beaucoup plus facile de blâmer les autres que de l'être. C'est une façon de se protéger. On blâme les autres avant qu'ils ne nous blâment. Être imputable, c'est savoir assumer ses responsabilités sans avoir besoin de blâmer les autres.

Ne cédez pas à la tentation de tout ce qui pourrait être dangereux pour vous ou pour les autres, y compris l'abus d'alcool et de drogue. Si vous consommez régulièrement de l'alcool ou de la drogue, vous cédez la responsabilité de votre vie à une substance. La plupart des gens consomment des drogues douces comme la marijuana ou de l'alcool pour fuir leurs émotions négatives tout en espérant se sentir « mieux ».

Toute consommation excessive ou prolongée d'alcool ou de drogue viole votre intégrité. Les substances psychotropes affectent votre capacité d'entrer en relation de manière authentique avec vous-même et avec le monde. L'usage prolongé de ces substances suppose que vous ne pouvez pas gérer seul votre vie. L'abus d'alcool ou de drogue procure un faux sentiment de contrôle. Les personnes qui en abusent ressentent plutôt de la peur, de la honte, ainsi qu'un sentiment de médiocrité. En progressant sur le chemin de l'abondance, vous vous débarrasserez de ces sentiments négatifs. Sachez apprécier la vie sans consommer ces substances nocives.

Agissez de manière à être fier de vous.

L'intégrité fait aussi appel à l'autonomie. Beaucoup de jeunes se fient à leurs parents beaucoup plus longtemps qu'ils ne devraient le faire s'ils jouissaient d'une bonne intégrité. Car être intègre signifie être capable de prendre soin de soi plutôt que de compter sur les autres. Et l'autonomie aide à construire l'indépendance. L'oisillon installé sur le rebord de la fenêtre admire le ciel et se demande quand il pourra voler de ses propres ailes. Sa mère continue de le nourrir tant qu'il demeure sur le rebord de la fenêtre.

De nos jours, les jeunes ont tendance à compter davantage sur leurs parents que les générations précédentes. Les jeunes adultes ont de la difficulté à demeurer indépendants. Certains quittent le nid familial pour rentrer « au bercail » au bout d'une courte période. Tout comme les oisillons, il faut encourager davantage les jeunes à devenir indépendants. Le cordon ombilical qui relie l'enfant à sa mère est coupé à la naissance. Ensuite, l'enfant grandit et se prépare en vue de devenir indépendant. Ainsi va la vie !

Qu'attendez-vous ?

Les gens attendent trop souvent d'avoir le courage d'être indépendants, alors qu'il leur suffit simplement de prendre le risque. Le risque est nécessaire, avec ou sans courage. La peur retarde le processus, tandis que le goût du risque nous encourage à faire le grand saut. Prenez les risques nécessaires pour être indépendant. Prenez votre place dans le monde en donnant votre pleine mesure. Tout comme le bambin qui, en apprenant à marcher, se retourne pour voir le regard rassurant de ses parents, avancez dans la vie en sachant que vous pouvez compter sur un soutien émotif. Il n'y a pas de meilleure façon d'apprendre que de passer à l'action. N'attendez pas d'avoir le courage. Jetez-vous dans la mêlée en vous sentant courageux de le faire. Devenez indépendant et ayez confiance en vous.

Être intègre signifie faire ce qui est approprié, même si cela vous embarrasse. C'est payer pour la marchandise que vous avez accidentellement endommagée et ce même si vous n'aviez pas l'intention de l'acheter. C'est répondre aux demandes des autres, comme aux invitations portant la mention RSVP. Faites preuve de considération envers les autres et dites-leur si vous viendrez ou non à leur soirée. L'intégrité signifie aussi tenir parole. Si vous aviez dit que vous feriez une chose, vous devez la faire, par souci d'intégrité. Respectez vos promesses. Remboursez les gens, peu importe si vous avez emprunté à une banque ou à vos parents. Remboursez toujours l'argent que vous avez emprunté. Votre intégrité est en jeu. Et votre parole est le reflet de votre intégrité.

Évitez d'emprunter de l'argent. La plupart des faillites et des endettements perpétuels résultent d'une mauvaise utilisation des cartes de crédit. Celles-ci procurent un faux sentiment de sécurité et les gens les gardent « au cas où ». De plus, les cartes de crédit vous permettent de dépenser au-delà de vos moyens et d'accumuler rapidement des dettes. Les générations précédentes ne possédaient pas de cartes de crédit. Elles payaient toujours comptant. Votre succès financier dépend de votre capacité à bien gérer votre argent. Si vous dépensez au-delà de vos moyens, vous n'aurez pas d'argent à investir et diminuerez ainsi vos chances de réussir financièrement.

Dépensez moins que vous ne gagnez, économisez et investissez régulièrement votre argent. L'argent peut se multiplier en votre faveur (sous forme de dividendes) ou à vos dépens (sous forme de frais financiers), selon vos choix d'investissement. À moins de posséder une compagnie de crédit, les cartes de crédit ne vous occasionneront que des pertes financières plutôt que des gains. Évitez de devenir la proie de vos dettes. Utilisez le crédit judicieusement. Celui-ci est utile pour acheter une maison ou une entreprise, pas pour acheter des jeans en solde au centre commercial.

Sachez faire la différence entre une nécessité et un désir. Une nécessité est quelque chose dont vous avez besoin pour vivre, comme le chauffage de la maison ou une automobile pour aller travailler. Un désir est quelque chose que vous aimeriez avoir, mais qui n'est pas nécessaire dans votre quotidien. Si vous avez des problèmes financiers, c'est sans doute parce que vous confondez nécessités et désirs.

Évitez de jeter l'argent par les fenêtres. En d'autres termes, évitez de dépenser l'argent que vous ne possédez pas. Si vous n'avez pas payé votre facture de téléphone, n'allez pas au restaurant le week-end. Vous manquez ainsi d'intégrité lorsque vous dépensez l'argent qui appartient en fait à quelqu'un d'autre, comme dans ce cas-ci, à la compagnie de téléphone. Payez d'abord vos factures. Vous pourrez ensuite aller au restaurant l'esprit en paix en sachant que vous n'avez pas de dettes.

Une bonne intégrité entraîne une plus grande abondance.

Apprenez à être à l'aise avec l'argent et la gestion de celui-ci. Ne vous laissez pas intimidé par l'argent, sinon vous risquez de le donner involontairement. Vous risquez de vous en débarrasser aussitôt que vous le gagnez ou même avant. Le génogramme de l'abondance de la page suivante vous aidera à comprendre les croyances et les comportements dont vous avez hérité par rapport à l'argent. La peur et le malaise risquent de vous entraîner à trop dépenser. Apprivoisez l'argent de manière à ce qu'il fasse partie de votre vie sans que vous soyez mal à l'aise. L'argent appelle l'argent. C'est la clé de votre succès financier. L'argent est bon et il n'y a rien de mal à en avoir.

L'abondance est tributaire d'une bonne intégrité. Choisissez de vivre comme un livre ouvert. Ainsi, quand vous jetez un coup d'œil à votre ombre — votre intégrité, vous ne pouvez que sourire. Il n'y a rien de plus agréable que de faire la chose appropriée et d'être une personne intègre. L'intégrité améliore votre vie et vous enrichit sur le chemin de l'abondance.

Le génogramme de l'abondance.

Qu'aimeriez-vous avoir davantage dans la vie ?

Le génogramme de l'abondance est la représentation graphique des liens qui unissent les membres de votre famille et des perceptions individuelles par rapport à l'abondance.

Si vous désirez plus d'argent, construisez un génogramme lié à l'argent. Inscrivez les membres significatifs de votre famille et la façon dont ils voyaient et utilisaient l'argent. Vous pouvez aussi construire un génogramme du temps, des relations et du travail pour identifier les modèles de comportement dont vous avez hérité. Quelle était la devise de votre famille ? Voici un exemple de génogramme lié à l'argent :

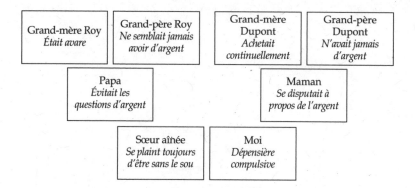

Devise familiale : aussitôt gagné, aussitôt dépensé

Après avoir complété le génogramme, vous aurez une vision plus précise de vos propres modèles de comportement. Peut-être avez-vous inconsciemment adopté la devise de votre famille. Si oui, choisissez d'adopter une devise plus saine pour vous. Par exemple, si la devise de votre famille était « aussitôt gagné, aussitôt dépensé », changez-la pour « honore et économise ton argent ». Vous remplacerez ainsi une croyance qui sabote votre abondance par une croyance qui l'attire.

Sur une feuille volante, construisez un génogramme lié à l'argent, au temps, aux relations et aux autres facteurs associés à votre abondance. Examinez quelle était la vision de vos grands-parents, de vos parents, de vos frères et de vos sœurs par rapport à ces questions. Ajoutez des cases au besoin et inscrivez la devise de votre famille.

CHAPITRE ONZE

Faites place à l'abondance !

Ce n'est pas la quantité de biens que nous possédons,
mais le plaisir que nous en tirons qui rend heureux.

Charles H. Spurgeon

Votre abondance frappe à votre porte. Elle a commencé dans la dimension invisible et est sur le point de se matérialiser. Tout comme les futurs parents préparent la chambre pour leur nouveau-né, vous devez faire de la place pour l'arrivée de votre nouveau lot de joie. L'abondance a besoin de suffisamment d'espace pour atterrir dans votre vie. Où la mettrez-vous ? Après tout, vous possédez déjà sans doute beaucoup de biens. Si vous êtes comme bon nombre de gens, vos possédez beaucoup de meubles et de vêtements, et votre boîte aux lettres déborde de prospectus.

Il est rare d'avoir un espace vide dans notre maison et dans notre vie. Un grand nombre de gens semblent plutôt croire que le but d'un espace vide est de le remplir au plus vite pour éviter tout sentiment de peur ou de mécontentement. Les espaces vides donnent l'impression qu'une chose est incomplète ou inachevée, comme s'il manquait quelque chose. Les choses laissées dans un état indéterminé créent un sentiment d'étrangeté et d'inconfort — nous nous sentons alors obligés de terminer le projet et de remplir l'espace. Les gens ont tendance à remplir ces espaces avec des objets qui « conviennent pour le moment » jusqu'à ce qu'ils en achètent de plus beaux. C'est fou le nombre de gens qui savent comment remplir rapidement les espaces vides.

Cela peut vous sembler naturel de vous entourer de biens matériels, également appelés des « affaires ». Par exemple, à leur première année à l'université, les étudiants ont tendance à apporter avec eux tout ce qu'ils possèdent dans leur chambre lorsqu'ils déménagent dans la résidence universitaire. Peu importe où vous êtes dans la vie, vous avez peut-être aussi tendance à transporter avec vous davantage que ce dont vous avez besoin. Il vous arrive peut-être d'aller au supermarché avec votre sac à main, votre téléphone portable et votre chéquier, puis d'emplir votre panier et vos bras d'encore plus de choses.

Les gens s'encombrent inutilement d'objets. Ils entreposent leurs possessions. Ils achètent de nouveaux biens, tout en gardant les vieux. Beaucoup deviennent des matérialistes chroniques ; ils développent une dépendance aux biens matériels. Ceux-ci leur procurent un faux sentiment de sécurité. Ils ont l'impression de mieux se sentir quand ils sont entourés d'objets. Mais ils en ont accumulé beaucoup plus que ce dont ils ont besoin, et beaucoup plus que ce qu'ils pourront jamais utiliser. C'est si facile d'encombrer votre vie avec toutes sortes de trucs. Malheureusement, en agissant ainsi vous ne posséderez que des objets et non de l'abondance.

Faites place à l'abondance.

Les avions ont besoin d'espace pour atterrir et il en est de même pour l'abondance. Elle a besoin d'un espace vide et libre pour apparaître dans votre vie. Un espace vide transmet un message de *disponibilité*. Il démontre que vous êtes disponible à recevoir. Il reflète aussi un état de *préparation*, signifiant que vous êtes prêt à recevoir l'abondance.

L'abondance est une énergie — une force vibrante en mouvement qui se multiplie et produit rapidement encore plus d'énergie. L'énergie de l'abondance a besoin d'espace pour se déplacer librement. De plus, l'abondance est une forme d'expression. Tout ce qui entre doit sortir. Les intentions et les mots créent une énergie qui doit être exprimée et cette énergie s'exprime positivement sous forme d'abondance. Par ailleurs, l'expression de cette énergie cesse lorsqu'elle est contenue ou entravée. Votre abondance attend donc aux limites de l'invisible que vous lui donniez la possibilité d'entrer dans votre vie.

Pour ce faire, vous devez créer l'espace nécessaire à votre abondance. Nettoyez votre maison, votre bureau et votre automobile. Éliminez le désordre. Débarrassez-vous de tout ce que vous n'aimez plus, de ce que vous n'utilisez plus et dont vous n'avez plus besoin. Faites de la place à l'abondance. Créez de l'espace pour ce que vous désirez dans votre vie. Si vous voulez un nouvel ordinateur, donnez votre ancien appareil. Si vous voulez une nouvelle automobile, collez une affiche « à vendre » sur votre véhicule actuel. Ne vous encombrez pas des possessions dont vous n'avez plus besoin, car elles ne font que siphonner l'énergie de l'abondance.

Apprenez à laisser aller les choses pour recevoir ce que vous désirez vraiment. Même la navette spatiale se débarrasse de ce dont elle n'a plus besoin après le décollage pour s'envoler dans l'espace. Il suffit aussi de regarder la nature pour voir partout de l'abondance. L'érable perd ses feuilles à chaque automne. Vous aussi devez apprendre à vous départir de ce qui ne vous sert plus, de ce fardeau inutile.

Débarrassez-vous des objets brisés ou détériorés. Créez de l'espace pour les biens que vous désirez. Donnez le foulard que vous avez reçu en cadeau de Noël il y a plusieurs années et que vous n'avez jamais porté. Évitez de conserver indéfiniment de tels cadeaux dans votre penderie. Quand vous savez que vous ne porterez pas un vêtement, débarrassez-vous-en immédiatement. Lâchez prise tout en laissant autre chose se manifester dans votre vie, quelque chose que vous aimez et désirez vraiment.

L'accumulation de possessions crée du désordre et bloque l'énergie de votre abondance. Et pourtant, une penderie encombrée de vêtements est souvent considérée à tort comme un signe d'abondance. L'encombrement, comme l'abondance, est signe d'excédent. Une penderie emplie de vêtements, de souliers et d'autres accessoires témoigne que vous en avez plus qu'assez. Cependant, si vous êtes comme la plupart des gens, votre penderie est emplie de vêtements que vous n'aimez pas, que vous ne portez pas et qui ne vous font plus. Bon nombre de gens sont incapables de se débarrasser de leurs vêtements. Ils aiment que leurs penderies débordent, même si leur contenu est inutile ou démodé.

Ne justifiez pas votre manie de garder vos vieux vêtements. Les modes passent. Les préférences changent. Ne gardez pas des vêtements que vous ne préférez pas porter simplement parce qu'ils vous ont coûté cher. Garnissez votre penderie de vêtements que vous aimez, qui vous vont bien et qui sont confortables, le genre de vêtements que vous choisissez en premier le lundi matin quand vous n'avez pas envie de repasser ou de vous compliquer la vie. Garnissez votre penderie de vêtements que vous prenez plaisir à porter et débarrassez-vous du reste. En ayant moins de vêtements, vous perdrez moins de temps à choisir le meilleur agencement.

Jetez ou donnez.

Créez de l'espace dans votre penderie pour ce que vous voulez porter. Jetez ou donnez le reste. Donnez vos vêtements à quelqu'un qui les aimera et les portera.

Les armoires constituent aussi d'excellents endroits pour accumuler des objets. Vous rangez un objet dans une armoire, puis vous l'oubliez. À force de ranger des choses, l'armoire finit par devenir encombrée. Les objets s'accumulent rapidement jusqu'à ce que vous décidiez de les trier afin de déterminer ce dont vous avez besoin et ce que vous pouvez jeter. Rappelez-vous que l'espace est sacré. Il occupe la place de votre abondance, alors évitez d'encombrer cet espace sacré avec des objets inutiles. Si vous n'avez pas besoin d'une chose, vous n'avez pas besoin de la ranger pour un temps indéfini. Jetez-la ou donnez-la afin de créer de l'espace pour ce que vous désirez vraiment.

Les vêtements ne sont pas les seules choses que vous accumulez. Le papier occupe de l'espace et peut vite s'empiler lui aussi. Il vient sous diverses formes, y compris les journaux, les formulaires, les notes et les factures. Le courrier est constitué de différents papiers et enveloppes qui se renouvellent quotidiennement. Le papier se multiplie et s'accumule facilement.

Votre maison et votre bureau deviennent vite encombrés de papier. Il y a en partout : sur les bureaux, les comptoirs et la table à manger. Le papier reste là à attendre que vous lui accordiez votre attention. Par exemple, si vous n'avez pas le temps d'examiner un bout de papier maintenant, vous risquez fort de le garder dans le but d'y jeter un coup d'œil plus tard, si bien que vous vous retrouvez avec une pile de documents à lire. Vous espérez pouvoir lire un jour cet article sur les relations heureuses, mais le manque de temps et le désordre vous en empêchent. Alors tout traîne. Et les magazines et les journaux viennent s'ajouter à la pile. Vous rangez certains articles quelque part dans l'espoir de les lire, puis ils finissent par être enterrés sous la pile qui devra bien un jour être triée. Le temps continue de passer et la pile de papier de grossir. Vous devez vite commencer une autre pile. Et les piles se multiplient, créant encore plus de désordre.

Simplifiez-vous la vie.

Réduisez vos piles de papier. Ne manipulez chaque document qu'une seule fois. Lisez l'information et décidez au fur et à mesure s'il faut jeter le papier ou le ranger. Gardez les factures dans un endroit spécifique afin de les payer à temps. Si c'est possible, payez vos factures mensuelles via le service électronique afin de réduire la quantité de papier dans votre vie.

Jetez les reçus des articles que vous avez achetés des mois auparavant. Beaucoup de gens gardent leurs reçus « au cas où », mais il n'est pas nécessaire de les conserver indéfiniment. Vous pouvez jeter la plupart immédiatement. Réduisez vos piles de papier en ouvrant votre courrier près de la poubelle et en jetant sur-le-champ ce qui est inutile. Prenez l'habitude d'éliminer rapidement et facilement tout encombrement. Finies les accumulations !

Notez les dates importantes sur un calendrier et jetez les nombreux bouts de papier qui sont si faciles à égarer. Organisez l'information qui exige d'être traitée dans l'immédiat ou ultérieurement. Ne comptez pas uniquement sur votre mémoire. Notez les choses ! Au besoin, achetez-vous un agenda électronique pour pouvoir gérer toute votre information au bout des doigts.

Jetez ou classez vos documents.

Votre inclination à conserver inutilement les choses cache une certaine peur. Vous vous accrochez peut-être aux objets parce que vous avez peur de ne pas avoir ce dont vous aurez besoin au moment opportun. Vous gardez donc tout ce qui est vieux et même brisé. Vous gardez les choses indéfiniment au cas où vous en aurez éventuellement besoin. Cette habitude démontre à quel point vous avez peur de ne pas pouvoir combler vos besoins. Voilà pourquoi vous achetez et accumulez des biens. Si vous avez peur de manquer de quelque chose, vous êtes sans doute porté à acheter et à garder davantage que ce dont vous avez besoin. La peur est le contraire de l'abondance. Car l'abondance est la capacité de recevoir ce qui vous revient avec confiance et non avec peur.

Chez certaines personnes, la tendance à accumuler les objets est liée à un sentiment inconscient de privation. Ces personnes cherchent à compenser pour ce dont elles ont été privées. Quelqu'un qui n'a pas eu droit à des vêtements convenables à un moment donné de sa vie risque fort de collectionner les vêtements. Quelqu'un qui a été privé de nourriture risque de bien garnir les tablettes de ses armoires et de son garde-manger. Ces personnes semblent ne jamais avoir assez de ce dont elles ont été privées. Prenez l'exemple suivant :

> *Étant la plus jeune de six enfants, Maria a dû toute son enfance porter les vêtements de ses aînés. Maintenant adulte, elle possède plusieurs penderies qui débordent de vêtements. Elle achète fréquemment de nouveaux articles pour elle et pour les autres. Elle adore les vêtements.*

Certaines personnes encombrent inconsciemment leur vie en souhaitant ainsi trouver un sentiment de sécurité. C'est rassurant d'avoir des possessions. Voilà pourquoi tant de gens accumulent des grandes quantités de biens. Ils s'entourent de possessions de la même façon qu'un enfant s'entoure de sa doudou. Ce fouillis leur procure un faux sentiment de sécurité.

Quand les gens se sentent seuls, frustrés ou tristes, ils essaient de se consoler en achetant des choses. Ils se réconfortent avec de la nourriture, des vêtements et d'autres biens qui s'accumulent dans leur maison et leur automobile. Leurs poches et leur sac à main sont bourrés de menus objets. Et l'accumulation d'objets crée un fouillis. Avec le temps, ils finissent par ne plus avoir d'endroits où déposer leurs affaires. Ils choisissent une maison qui possède beaucoup d'armoires. Ils achètent des boîtes de rangement et une cabane dans la cour pour ranger leurs trucs.

Nous vivons dans une société qui adore accumuler. Beaucoup de gens croient que plus ils possèdent de biens, plus leur vie sera facile. Mais cette accumulation de biens entraîne aussi plus de travail : avec plus de choses à déplacer et à nettoyer, vous disposez de moins de temps pour vos autres activités.

L'accumulation de biens complique la vie.

L'encombrement empêche le courant naturel de l'abondance de circuler librement. Il crée un obstacle qui ralentit l'abondance.

> *Mimi et Paul sont mariés depuis de nombreuses années. Mimi décrit Paul comme un homme qui souffre du syndrome de l'écureuil, comme un collectionneur de tout et de rien. Paul aime aller dans les encans et il achète sur le site Internet eBay dans l'espoir de pouvoir vendre plus tard ses trucs en faisant un profit. Les biens qu'il continue d'acheter s'accumulent et encombrent la maison du couple. Ils ne peuvent même plus entrer leur automobile dans le garage en raison du fouillis qui y règne. Mimi se sent étouffée par tous ces objets et a honte d'inviter des gens à la maison. Sa vie est dominée par les objets.*

L'encombrement entretient des sentiments négatifs. Il est en effet facile d'éprouver de l'anxiété au milieu d'un fouillis. À mesure que les objets s'accumulent, vous pourriez avoir l'impression que les murs se rapprochent et que les pièces rapetissent. Vous vous sentez anxieux et débordé, sans savoir par où commencer ni même si vous en viendrez un jour à bout. Quand votre maison est encombrée, votre esprit l'est aussi. Vous éprouvez de la confusion ou de l'incertitude face à ce qu'il faut faire et à la façon de vous y prendre. Vous ne parvenez pas à voir clairement la situation. Vous vous sentez mal. Ce désordre vous irrite et vous épuise.

L'encombrement vous assure que vous aurez toujours quelque chose à faire, à épousseter, à trier ou à ranger. Tel un nuage sombre, le désordre constitue une menace. Il vous empêche de vous détendre. Comment vous détendre quand vous voyez tout ce qu'il y a à faire ? Le fouillis vous préoccupe jour après jour. Vous savez que vous devez vous débarrasser de ce désordre, mais vous ne trouvez jamais le temps nécessaire.

L'encombrement prend aussi beaucoup de votre temps, car vous devez fouiller davantage pour trouver ce que vous cherchez. Vous n'arrivez pas à trouver vos papiers d'assurance automobile. Les objets débordent des tablettes et les portes de vos armoires devraient porter des étiquettes de mise en garde pour prévenir les blessures. Les objets ont de la difficulté à rester en place ; ils tombent autour de vous et vous en éprouvez de la frustration. Et cela peut avoir un impact émotionnel : vous avez l'impression d'avoir perdu la maîtrise de votre vie. Cela n'empêche pas certaines personnes de se convaincre qu'elles sont plus organisées au milieu du désordre. Elles prétendent savoir où sont les choses. Mais elles paniquent dès que quelqu'un touche ou déplace un objet.

Comme il a fallu beaucoup de temps pour accumuler un tel fouillis, vous risquez de toujours repousser le moment de vous attaquer au projet. Le temps passe et le fouillis perdure pendant des mois, voire des années. La bonne nouvelle est que plus le temps passe, les documents qui vous semblaient importants ne le sont plus. Le jour où vous décidez enfin de trier la pile, vous découvrez avec soulagement que vous pouvez jeter certains documents. Le temps rend plus facile la tâche d'éliminer la pile de papier.

Faire du ménage dans votre vie ne nécessite pas autant de temps que vous le croyez. Regardez autour de vous. Choisissez une chose dont vous pouvez vous débarrasser sur-le-champ. Notez combien de temps cela vous a pris. Pas beaucoup, n'est-ce pas ? Le fait de croire qu'il faudra beaucoup de temps pour éliminer votre fouillis vous empêche souvent de vous mettre à la tâche. Vous reportez toujours le projet à plus tard.

Commencez dès aujourd'hui à éliminer votre désordre et découvrez combien cela prend peu de temps. Évitez cependant de commencer à éliminer le désordre à un endroit avant d'avoir terminé un projet précédent. Imaginons que votre première intention était de ranger des livres. Mais en approchant de la bibliothèque, vous constatez qu'il n'y a pas suffisamment de place. Vous commencez donc à trier les livres et à réaménager les tablettes afin de pouvoir y glisser d'autres livres. Le projet initial prend donc plus de temps parce que vous avez décidé d'entreprendre autre chose.

En vous débarrassant des choses que vous ne voulez plus ou que vous n'utilisez plus, vous récupérerez de l'espace pour ranger des objets et épargnerez ainsi du temps. Faites de la place à l'abondance. Libérez de l'espace et dégagez la voie pour son arrivée. Ramassez les choses qui traînent sur le plancher. Assignez à chaque objet un endroit spécifique. Rangez chaque chose à sa place. Créez de l'espace dans votre vie pour ce que vous désirez vraiment. Jetez régulièrement des choses.

Libérez votre espace et votre temps.

L'abondance n'a rien à voir avec la présence d'objets dans votre vie. Elle est plus puissante que les choses, l'argent et les possessions matérielles. L'abondance consiste à avoir du plaisir dans la vie. Elle est amusante et joyeuse. Elle aime rire. Vivre dans l'abondance signifie profiter pleinement de la vie. L'abondance est composée des petits moments emplis de joie durant lesquels vous appréciez la vie. Elle consiste à aimer véritablement la vie. À apprécier aussi bien le fait d'avoir que de ne pas avoir. C'est être simplement satisfait de ce qui vous arrive. C'est savourer pleinement chaque moment de la vie. Tout ce que vous touchez se transforme en or. L'abondance agrémente votre vie de manière inimaginable.

Chère abondance, tu es maintenant la bienvenue dans ma vie !

TROISIÈME PARTIE

Quel plaisir que de connaître l'abondance !

CHAPITRE DOUZE

Surfez sur la vague de l'abondance !

**Allez avec confiance dans la direction de vos rêves !
Vivez la vie que vous avez imaginée.**

Henry David Thoreau

L'abondance agit comme par magie. Vous ne le voyez peut-être pas maintenant, mais vous le constaterez bientôt. Peut-être avez-vous déjà commencé à obtenir des résultats en mettant en pratique ce que vous avez lu dans les chapitres précédents. Si c'est le cas, cela signifie que le processus est enclenché.

Au début de votre lecture, vous aviez sans doute hâte de commencer à créer une vie d'abondance. Vous avez peut-être appliqué immédiatement les conseils offerts dans ce livre et avez commencé à penser et à vous exprimer différemment. Vous avez choisi d'élever votre vision et d'examiner vos désirs d'un point de vue spirituel. Alors, vous avez sans doute remarqué combien votre façon de penser, de ressentir les choses et de vous comporter a changé. Vous réagissez maintenant aux événements quotidiens avec confiance. Vous laissez les choses se produire. Vous avez fait de la place dans votre vie pour attirer l'abondance. Et vous savez maintenant que vous ne pouvez plus vous définir comme un débutant.

Vous pouvez plutôt vous considérer comme votre propre motivateur. Vous possédez maintenant les outils qui vous permettront d'avancer sur le chemin de l'abondance avec plus de compétences et de confiance. Vous avez entrepris le processus par vous-même. Vous n'avez pas cherché à obtenir l'aide des autres. Les gens qui se motivent seuls n'ont pas besoin d'une raison ou d'une autre personne pour cheminer vers l'abondance. Ils se mettent tout simplement en route. Ils ont confiance en leurs compétences et sont prêts à prendre de plus grands risques. Ils sont motivés par leurs propres désirs d'avoir davantage dans la vie.

Malheureusement, ce n'est pas tout le monde qui réussit à se motiver seul. Certaines personnes ne peuvent être motivées que par les autres. Elles comptent sur leur aide ou leurs encouragements et ceci retarde le processus, car elles doivent attendre après les autres. Elles mettent donc du temps à entreprendre le parcours. Même si elles souhaitent avancer sur le chemin de l'abondance, quelque chose les retient et elles attendent. Qu'est-ce qui les retient ainsi ? La peur ou l'incertitude ? Le manque de confiance ? Le sentiment de ne pas mériter de vivre dans l'abondance ?

Elles ont peut-être peur de commettre des erreurs. Avant de prendre une décision, elles veulent savoir que c'est la bonne, qu'elles font la bonne chose. Alors, elles attendent. Elles demeurent immobiles à observer les autres en attendant que quelque chose de bien leur arrive. Cependant, en secret, elles aimeraient bien être capables de plonger et de sauter sans crainte sur une occasion ou une expérience. Mais elles choisissent plutôt d'attendre. Et elles attendent encore. On dirait qu'elles « perdent leur temps », alors qu'en réalité, ce sont leurs peurs qui les retiennent. La peur paralyse les gens. La peur paralyse les rêves.

Cessez d'attendre et passez à l'action. Évitez d'attendre qu'une autre personne vous pousse sur le chemin de l'abondance. Avancez de vous-même. Familiarisez-vous avec le chemin de l'abondance. Entrez en contact avec lui et faites-en l'expérience de manière simple avant de vous lancer vraiment dans l'aventure et d'expérimenter l'abondance de manière plus substantielle. Choisissez l'un des trucs que vous êtes prêt à essayer. Êtes-vous prêt à vous exprimer d'une façon qui favorise la réalisation de vos rêves ? Êtes-vous capable de faire confiance ? Êtes-vous prêt à passer à l'action dans la poursuite de vos rêves ?

Commencez à petits pas, en sortant, au moins, de votre zone de confort. Sachez que l'abondance est au bout de vos doigts. Il suffit de décider d'entrer en contact avec elle.

Encore plus simple, cessez d'attendre que la motivation vienne à vous. Vous risquez d'attendre longtemps. Certaines personnes n'acquièrent jamais la motivation nécessaire pour mener une vie dans laquelle elles s'épanouissent pleinement. Et le manque de motivation sert souvent d'excuse pour ne pas agir. La plupart des gens préfèrent dire « je n'arrive pas à commencer » plutôt que « je ne veux pas commencer » ou « je ne sais pas par où commencer ». Le résultat est cependant le même. Cela retarde le processus. La procrastination devient votre modus vivendi. Et pourtant, la motivation exige que vous fassiez un premier pas pour susciter de l'enthousiasme et amorcer la pompe de l'abondance.

L'action permet à l'abondance d'entrer en mouvement. Que vous pensiez que « c'est maintenant ou jamais » ou « c'est la bonne occasion », il n'est jamais trop tôt ou trop tard pour enclencher le processus de l'abondance. Il est *maintenant* temps d'emprunter un chemin qui favorise la réalisation de vos rêves et de vos désirs. Comme c'est vrai sur le marché de la Bourse, l'abondance exige que vous sachiez saisir une occasion au moment opportun. Les occasions viennent et vont. Prenez les moyens nécessaires pour réaliser la vie de vos rêves. Vous n'êtes pas obligé d'accepter ce qui vous arrive ou de vous contenter des restes. Vivre dans l'abondance, c'est vivre la vie que vous désirez vraiment. Qu'attendez-vous ? Cessez d'attendre ! Vous possédez les connaissances et le pouvoir nécessaires pour vous construire une vie merveilleuse.

Créez une vie qui est à la fois épanouissante et agréable.

Malheureusement, votre vie d'abondance est peut-être encore semée d'embûches. Celles-ci font partie de la vie et participent à votre croissance personnelle. En effet, les luttes offrent la possibilité d'élever votre niveau de conscience. Tout arrive pour une raison. Il y a une raison au fait que vous n'avez pas obtenu une promotion. Soyez ouvert au plan de l'Univers. Le plan de vie qu'il a prévu pour vous est encore mieux que ce que vous avez imaginé. Faites confiance à l'Univers, car la confiance vous aidera à surmonter avec grâce et facilité les obstacles de la vie. Soyez ouvert au plan divin de votre vie. Soyez patient. Qu'est-ce qui presse après tout ? L'abondance est le voyage et non la destination. Profitez bien du voyage.

Le temps est venu de poursuivre vos rêves et vos désirs. En commençant tôt, vous accomplirez des choses extraordinaires. Misez sur la cohérence et non la perfection. Même si vous commettez quelques erreurs, sachez qu'elles font partie de l'apprentissage. Assumez vos erreurs, réparez-les au besoin, puis continuez votre chemin vers l'abondance en retenant votre leçon.

Évitez d'amplifier et de compliquer les choses. En d'au-tres termes, ne créez pas de difficultés là où il n'y en a pas. Les pensées et les sentiments négatifs peuvent facilement intensifier les expériences de la vie. Acceptez les expériences telles qu'elles se présentent, sans chercher à les amplifier ou à les compliquer. Adoptez l'affirmation : « c'est ainsi ». Vous serez alors capable d'accepter les circonstances en ayant moins de sentiments négatifs. Minimisez les difficultés que vous rencontrez et accordez plus d'importance à ce qui est significatif dans votre vie.

La vie comporte toujours des luttes. Mais votre approche et votre façon de réagir à ces luttes déterminera votre empreinte de vie. Lâchez prise sur tout ce qui ne sert à rien dans votre vie, autant les biens matériels que les expériences, les pensées et les sentiments négatifs. Sachez composer avec toutes les expériences de la vie de manière positive et salutaire. Efforcez-vous de tirer le meilleur de chaque situation.

Évitez de vous décourager, car le découragement est un sentiment qui vous détournera vite de votre parcours, parfois pour toujours. Il sabotera vos rêves et vous empêchera d'avancer.

À quel point vos rêves sont-ils importants ?

Ne cédez pas à des sentiments qui ne sont ni utiles, ni définitifs. Le découragement montrera le bout de son nez s'il sent que vous avez trop tardé. En effet, vous vous découragerez vite si vous vous attendez à ce que vos désirs s'accomplissent au moment où *vous* le souhaitez plutôt qu'au moment où l'Univers le décide. Il pourrait être utile maintenant d'examiner ce que vous avez accompli jusqu'ici pour favoriser la réalisation de vos rêves. Vous êtes-vous inscrit à un cours dans le but d'obtenir un diplôme ? Avez-vous regardé des plans de maison ou discuté d'un prêt hypothécaire avec votre conseiller bancaire ? Félicitez-vous pour ce que vous avez déjà accompli. Trop souvent, nous grimpons jusqu'au sommet d'une montagne pour en apercevoir aussitôt une autre à l'horizon. Reconnaissez ce que vous avez réalisé jusqu'à présent. Votre désir de construire une vie épanouissante est à la fois stimulant et amusant.

Il suffit d'une seule étincelle pour allumer le feu de l'abondance. Une fois le processus enclenché, l'abondance entre en mouvement. Les choses commencent à se produire, à prendre de la vitesse et à se manifester plus vite qu'au début. Voyez l'anecdote suivante :

Jamie habitait dans une maison qu'elle n'aimait pas. Voulant faire d'importantes rénovations, elle a demandé à des entrepreneurs de lui faire une estimation des coûts, même si elle n'en avait pas les moyens. Elle a essayé de transformer la maison selon ses désirs, mais elle éprouvait toujours de la frustration. Elle s'est dit qu'elle n'avait rien à perdre à mettre en pratique les conseils pour attirer l'abondance. Au bout de quelques mois seulement, elle a trouvé la maison dont elle avait toujours rêvé dans une ville où elle a toujours voulu vivre. Elle a mis sa maison en vente pour voir ce qui arriverait. Son rêve était-il en train de se réaliser ? Elle a vendu sa maison dès le premier jour. Puis, elle a pu acheter la maison de ses rêves.

L'étincelle fait naître un feu qui a la possibilité de brûler longtemps. Il est cependant plus facile d'alimenter la flamme que de devoir rallumer le feu. Il en est de même avec l'abondance. Au moment où l'abondance commencera à se manifester dans votre vie, vous éprouverez de l'excitation et de la détermination. Un feu exige de l'attention et doit être régulièrement alimenté. Ne laissez pas le feu se consumer et s'éteindre. Demeurez vigilant face à votre abondance. Faites en sorte qu'il arrive toujours quelque chose. Évitez la complaisance. Et n'oubliez pas d'utiliser vos outils.

**Le courant de l'abondance est continu :
il s'agit de l'énergie qui est en vous et autour de vous.**

Il est possible que vous oubliiez d'alimenter le feu et que vous vous laissiez distraire par le rythme effréné du quotidien. Il se pourrait aussi que vous perdiez de vue l'abondance dont vous êtes inondé. Il est probable que vous vous égariez et que votre vie devienne grise et nuageuse. Vous pourriez alors oublier de vous abreuver à la source des bienfaits de la vie et succomber de nouveau aux pensées négatives. Vous risquez de dire des choses que vous ne pensez pas et retourner à vos vieilles habitudes.

Si cela se produit, vous saboterez alors vos rêves et vos désirs.

Tout le monde a la capacité de saboter ses rêves et ses désirs, de les remettre à plus tard avec l'idée de les réaliser éventuellement : *je vais appeler demain à l'université pour qu'on m'envoie les formulaires d'inscription.* Vos rêves sont importants, mais à force de faire de la procrastination, ils finissent par perdre leur importance et vous risquez alors d'accorder plus d'attention à d'autres choses. Évitez d'abandonner vos rêves, même si vous vous dites que vous ne les mettez de côté que pour une journée ou une année.

Accordez la priorité à vos rêves.

C'est si facile d'attirer dans votre vie des gens, des lieux et des expériences qui ne sont pas conformes à vos désirs. Vos rêves méritent que vous leur accordiez la priorité. Demandez-vous : « Est-ce que [cet événement, cette expérience ou cette décision] m'entraîne dans la direction de mes rêves ? » Ne surchargez pas votre horaire d'activités qui vous éloignent de vos rêves. Demeurez toujours fidèle à ces derniers.

Vos rêves ont pris forme dans la dimension invisible, là où la notion du temps n'existe pas. Vos rêves ignorent s'il existe un moment approprié ou inapproprié pour se réaliser. Ils se manifestent au moment où l'Univers le leur prescrit, au moment divin. Ne vous découragez pas durant l'attente. Ne vous mettez pas à croire que vous ne trouverez jamais un meilleur emploi ou l'amour de votre vie. Bien sûr que vous le trouverez. Soyez patient et ayez confiance.

La confiance diffère de l'attente, qui est souvent associée à quelque chose de négatif. Vous êtes peut-être habitué de vous attendre au pire. L'attente suscite donc chez vous de la peur et de la nervosité. Vous n'aimez pas attendre, car cela signifie que vous êtes passif — que vous perdez votre temps.

Vous préféreriez agir plutôt que de devoir attendre. Et en évitant d'attendre, vous espérez chasser votre peur.

La confiance est contraire à la peur. C'est savoir attendre sans crainte, de manière active plutôt que passive. Car quand vous avez confiance, vous agissez ! La confiance exige que vous vous détendiez et observiez la suite des événements. Elle est associée à des sentiments positifs, au calme et à la sérénité.

L'abondance procure une foule de sentiments positifs. Elle vous permet de vous sentir heureux, satisfait, digne de vos rêves et reconnaissant. Et la gratitude permet à l'abondance de continuer d'alimenter votre vie.

La gratitude maintient le courant de l'abondance.

Prenez l'habitude de dire « merci ». Appréciez les bonnes choses qui vous sont offertes. Et surtout, appréciez ce que vous avez déjà réalisé. Prenez soin de ce que vous possédez. Prenez soin de votre maison et de vos diverses possessions. Votre désir de prendre ainsi soin de vos biens exprime votre gratitude. Quand vous êtes reconnaissant de ce que vous possédez, vous prenez soin de vos biens. Et la gratitude invite encore plus d'abondance.

Le théologien Maître Eckart a écrit que « si la seule prière que vous faites consiste à dire "merci", c'est suffisant ». Remerciez l'Univers pour sa générosité. Il y a tant de choses dans votre vie dont vous pouvez être reconnaissant et l'expression de votre gratitude est essentielle. Quand vous faites un cadeau à quelqu'un, vous aimez savoir si celui-ci est apprécié. Les remerciements sont d'usage.

Sachez apprécier tout ce qui fait partie de votre vie, y compris votre famille, vos amis, vos véhicules, les occasions qui vous sont offertes et votre bonne santé. Vous pouvez trouver chaque jour quelque chose envers quoi être reconnaissant. Prenez note de tous les bienfaits dont vous êtes comblé. Appréciez la douche chaude que vous avez prise ce matin. Imaginez une journée débutant par une douche froide. Soyez reconnaissant pour l'essence dans votre automobile et la nourriture dans votre réfrigérateur. Appréciez tout ce que vous possédez et tout ce qui est à venir. Appréciez tous vos bienfaits avec gratitude.

Quel plaisir que de connaître l'abondance ! Elle est agréable à voir, et il est amusant de voir vos désirs se manifester aisément. Faire naître l'abondance peut sembler incroyable et magique, alors que c'est si simple en réalité. Il est facile de réaliser vos rêves et vos désirs. Il est facile d'expérimenter la vie selon le plan divin. Votre vie est guidée. L'Univers est là pour vous offrir une quantité de bienfaits.

Demandez et vous recevrez.

Ce que l'Univers ne vous dit pas, cependant, c'est que votre habileté à accomplir vos désirs ne vous empêche pas d'être aussi capable de les saboter. Vous avez peut-être le don de remplir votre agenda de manière à ne plus avoir le temps de peindre, de dessiner ou de jouer de la musique. Vous vous dites que vous pourrez accomplir les activités que vous aimez lorsque vous aurez plus de temps. Mais le temps n'est qu'une excuse. Tout le monde dispose de la même quantité de temps, soit vingt-quatre heures par jour et cinquante-deux semaines par année. Le temps est fixe. La différence réside seulement dans la façon dont vous choisissez de le passer.

Quelle est votre perception du temps ? Avez-vous l'impression d'en avoir suffisamment ou pas assez ? Vous arrive-t-il de prendre du temps pour vous-même ? Ou avez-vous l'impression de ne pas le mériter au point de vous affairer bêtement à toutes sortes d'activités ? En d'autres mots, perdez-vous votre temps ? Le temps est précieux en matière d'abondance. Apprenez à prendre votre temps à mesure que vous progressez sur le chemin de l'abondance. Rien ne presse. Avancez à un rythme qui vous convient en remarquant les choses qui vous entourent. Si vous vous pressez trop, vous risquez de passer à côté des détails de la vie. Soyez attentif à votre environnement, à ce que vous faites et dites. Demeurez conscient. Vivre consciemment permet de vivre dans l'abondance. Déterminez votre propre rythme pour réaliser vos rêves et accomplir de grandes choses. « Prendre votre temps » signifie prendre le temps dont vous avez besoin. Vous méritez d'avoir du temps. Vous méritez tous les bienfaits de la vie. Prenez votre temps. Réclamez votre dû.

Identifiez toute peur qui nuit à la réalisation de vos rêves. Qu'arriverait-il si les gens appréciaient votre travail ? Et après ? Auriez-vous une autre crainte ? Avez-vous peur de devoir travailler davantage ? La peur bloquera votre route à la moindre occasion. Ce n'est cependant qu'un sentiment. La peur est une autre façon de prendre conscience. En étant conscient de ce qui vous retient ou vous fait obstacle, vous avez alors la force de le surmonter. Affrontez vos peurs. Exposez-les, puis passez à autre chose et vivez la vie que vous désirez. Au-delà de la peur, presque rien d'autre ne peut vous empêcher de réaliser vos rêves.

La peur est rarement fondée. Ce n'est qu'une impression, comme chez l'enfant qui insiste pour dire qu'il y a un monstre dans la penderie alors qu'il n'y en a pas. La peur existe dans notre esprit avant même de se manifester physiquement. Cessez de vous faire peur. Cessez d'avoir peur. Soyez sélectif dans votre choix de lectures et d'émissions de télévision, car les médias suscitent et renforcent la peur.

Évitez d'amplifier ou de compliquer les choses. Cela sous-entend de la peur. Refusez de penser que vous ne pouvez pas posséder une maison ou acheter une automobile neuve. Ne vous convainquez pas que vous n'êtes pas assez intelligent pour faire des études supérieures. Cessez de croire que votre nouvel ami n'est pas attiré par vous. La peur risque de vous freiner avant même que vous donniez une chance à la vie.

Donnez une chance à vos rêves.

Ne cédez pas à la peur et n'abandonnez pas vos espoirs et vos rêves prématurément. Les événements sont rarement aussi terribles que la peur ne le laisse croire. La peur vous empêche de passer à l'action. Agissez plutôt que de céder à la peur. Il n'y a pas de monstre dans la penderie ! Inscrivez-vous au cours. Demandez à votre ami de vous accompagner au cinéma. Commencez à vivre en surmontant vos peurs. Ne laissez pas la peur vous freiner ou limiter votre abondance. Rappelez-vous que l'abondance est naturelle. Elle vous entoure dans la nature, partout où vous regardez. Apprenez à fusionner avec l'abondance et à profiter de la vie. Pas besoin d'être un savant pour qu'elle se manifeste. Il suffit simplement d'agir.

Identifiez ce qui vous freine, puis avancez. Les personnes créatives savent comment fonctionne ce processus et ce qui arrive quand elles attendent la permission des autres pour œuvrer sur leur projet.

L'abondance n'est pas uniquement liée à l'argent et aux sentiments. Vivre dans l'abondance, c'est avoir le temps de jouir de la compagnie des gens et de profiter des choses que vous aimez. Comme vous êtes maintenant en mesure de le constater, vos pensées et votre attitude peuvent nuire à votre abondance. Le processus vous semble plus difficile qu'il ne l'est en réalité. Voilà pourquoi vous n'osez pas écrire, jouer de la guitare ou vous inscrire à un cours. Vous attendez le « bon moment ».

Maintenant est toujours le bon moment.

Les occasions et les expériences ne se présenteront dans votre vie qu'au bon moment. Mais le saboteur en vous imaginera toujours des façons de vous abattre et de rabaisser vos rêves. Quand cela se produit, revenez sur le chemin de l'abondance et poursuivez ce que vous avez entrepris. Poursuivez vos rêves jusqu'à ce qu'ils se réalisent comme vous le désirez. Ne laissez rien ni personne nuire à la réalisation de vos rêves. Ils vous appartiennent, mais c'est à vous de favoriser leur accomplissement.

Donnez-vous la permission de réaliser et de savourer vos rêves. Vous le méritez. Vous méritez une vie dont vous pouvez profiter avec amour. Imaginez vous réveiller chaque matin en sachant que vous passerez la journée à faire ce que vous aimez, avec les gens que vous aimez. Voilà ce qu'est l'abondance. Ayez un désir sain d'en avoir plus — plus de plaisir, plus de joie, plus d'amour et plus d'expériences merveilleuses. Entourez-vous de gens qui vous encouragent à avoir et à être « plus » et non « moins ». Choisissez des gens joyeux qui vivent dans une perspective d'abondance, des gens qui ne s'inquiètent pas du lendemain. Ces gens vivent et apprécient le moment présent. Ils possèdent ce dont ils ont besoin et ce qu'ils désirent. Ni plus, ni moins.

L'abondance agit comme par magie. Avant, vous ne pouviez pas le voir, mais maintenant vous le pouvez. Au début, vous ne parveniez pas à voir vos désirs s'accomplir, mais avec le temps et les connaissances acquises, les choses ont commencé à changer. Servez-vous des outils que vous avez appris et gardez ce livre, cette boîte à outils, à portée de main. Une vie d'abondance vous attend. Allez à sa rencontre et savourez l'expérience.

Le moment est venu de mettre le cap
sur votre vie d'abondance.

Au moment où l'abondance commence à frapper à votre porte, il est possible que vous vous sentiez dépassé, comme si trop de choses arrivaient à la fois. L'intensité avec laquelle ce changement se produit pourrait vous dérouter. Vous avez demandé de l'abondance et vous en avez reçu, mais maintenant vous pourriez avoir l'impression de ne pas savoir comment composer avec elle. En effet, l'abondance peut sembler écrasante quand vous la percevez comme étant de l'excès. Pourtant, ce n'est qu'une *impression* d'un trop-plein, plutôt qu'une *réalité*.

Évitez de repousser l'abondance ou de vous en soustraire parce que vous croyez que c'est trop. Il n'y a jamais trop d'abondance. C'est ce que vous vouliez, non ? Quand vous demandez à recevoir de l'abondance, faites-le avec soin. Ne demandez que ce que vous souhaitez voir arriver. Et au moment où les choses positives commencent à se produire, essayez d'en contenir le rythme afin de ne pas vous sentir submergé. Acceptez-les pour ce qu'elles sont, c'est-à-dire l'abondance que vous avez demandée. Après tout, vous l'avez attendue avec confiance. Ne la chassez pas. Dites-vous que vous avez obtenu ce que vous avez désiré et que cela vous fait du bien.

Vous méritez votre abondance. Ouvrez grand les bras pour l'accueillir pleinement. L'abondance arrive toujours au bon moment et en quantité suffisante. N'ayez crainte, votre abondance est sur le point d'arriver. Attachez votre ceinture. Tout va bien. En fait, tout va mieux que bien. Vive l'abondance !

Soyez ouvert à toutes les possibilités et les occasions de connaître l'abondance. Faites les choses *maintenant* et non plus tard. Maintenant est presque toujours le bon moment.

La valeur des choses qui valent la peine — comme une maison, une entreprise ou un diplôme — ne cesse de croître et leur coût également. Les prix continuent de grimper pendant que vous hésitez à prendre une décision. N'attendez pas de faire construire la maison de vos rêves. Faites vos études le plus tôt possible. Ne retardez pas le moment de construire la vie que vous désirez. Vous aurez beaucoup moins de regrets d'accomplir une chose au plus tôt, au lieu de plus tard, car trop souvent ce qui est remis à plus tard n'est jamais réalisé.

N'oubliez jamais que l'abondance est possible. Ce n'est ni une question de chance ou de richesse, mais plutôt le fait de vivre la vie que vous désirez. Cela touche aussi une dimension supérieure, une dimension spirituelle. L'abondance est un cadeau de l'Univers. Ouvrez les bras pour recevoir l'abondance qui vous revient de droit. Choisissez le chemin qui vous mène vers vos rêves et vos désirs. Ayez le courage de recevoir ce que vous désirez. Voyez votre vie en termes de choix et non de sacrifices.

Soyez fier de vos accomplissements. Et partagez votre bonne fortune avec les autres. Faites en sorte que les choses arrivent dans votre vie. Saisissez toutes les occasions possibles. Levez-vous chaque matin en étant réceptif aux bienfaits de la vie. Vous avez le pouvoir de rendre votre journée agréable. Et vous avez le pouvoir de mener une belle vie.

Félicitations ! Vous venez de gagner une merveilleuse vie d'abondance ! Qu'allez-vous faire maintenant ? Où vivrez-vous ? Avec qui ? Quelle marque d'automobile allez-vous conduire ? Tant de choix s'offrent à vous maintenant. Vous pouvez créer la vie de vos rêves.

Qu'attendez-vous ?
Il faut agir maintenant.
Vous possédez en vous toutes les ressources.

LE CREDO DE L'ABONDANCE

L'abondance est un droit divin à la naissance.
Je suis venu au monde avec l'énergie de l'abondance.
J'en fait partie intégrante. Elle fait partie intégrante de moi.
L'Univers est une fontaine éternelle de générosité.
Ce n'est pas à moi d'interroger, de juger ou de résister.
Je n'ai qu'à savourer l'abondance.
Je partage librement ma bonne fortune avec les autres.
J'abandonne maintenant la peur qui m'a limité jusqu'ici.
Je suis sur la bonne voie.
Je lâche prise et j'ai confiance en l'Univers.
Je suis ouvert à tout ce qui est bon.
Mes rêves et mes désirs se manifestent au moment divin.
Je n'espère rien, car j'ai tout.
Je suis un esprit libre ; je chemine toujours vers ce qui constitue
mon plus grand bien.
Mon chemin de vie est jalonné d'occasions et d'expériences.
Je les accueille avec gratitude.
Je vois maintenant les choses avec une nouvelle perspective.
Je vois mes rêves à travers les yeux de l'Univers.
J'ai encore plus de soutien que je ne le crois.
Je baisse les yeux, et je vois que j'avance sur un tapis rouge.
Il a toujours été là, mais mon regard était dirigé ailleurs.
Je regardais partout sauf en moi.
Mon abondance vit en moi.
La vie est bonne.

ANNEXE A

Que méritez-vous dans la vie ?

Fermez les yeux et rappelez-vous une période de votre vie où vous vous êtes senti sans aucun mérite ou indigne. Qu'est-ce que vous n'étiez pas digne de recevoir ? Notez l'expérience par écrit.

1. Comment cette expérience a-t-elle affecté votre valeur personnelle ?
2. Quels messages avez-vous tirés de cette expérience ?
3. Comment cette expérience vous affecte-t-elle encore aujourd'hui ? Énumérez les choses dont vous pensez ne pas mériter.
4. Changez le dénouement de cette expérience de manière à obtenir ce que vous méritez vraiment. Inventez une fin qui vous permet de vous sentir digne de recevoir.
5. Quels messages tirez-vous de cette nouvelle expérience ?

Exemple

Quand j'étais enfant, ma mère et mon père m'ont dit qu'ils me donneraient une allocation si je faisais mon lit et participais aux tâches ménagères. Je me suis donc efforcée de faire mon lit et d'aider régulièrement. Quand j'oubliais, ils me le rappelaient et j'accomplissais mes tâches en sachant que j'aurais une allocation. Ils avaient cependant tendance à oublier de me donner mon argent de poche. Quand je le leur mentionnais, ils me disaient qu'ils me le donneraient plus tard. Mais parfois, ce « plus tard » n'arrivait jamais. À d'autres occasions, je recevais mon allocation et la rangeais dans un endroit sûr dans ma chambre. Quand mes parents étaient à court d'argent, ils me demandaient d'emprunter mon argent. Parfois, ils me le rendaient, mais pas toujours.

1. J'ai l'impression de ne pas mériter d'avoir de l'argent. L'argent doit être gagné.
2. Il est possible de prêter de l'argent, mais il ne vous sera pas toujours rendu. Si j'ai de l'argent, les gens vont chercher à me le prendre. Même si je travaille pour avoir de l'argent, cela ne veut pas dire que je vais nécessairement en recevoir.
3. Je sors souvent sans argent. Quand j'en ai, je le dépense aussitôt. Je ne crois pas que mes efforts doivent être récompensés. Parmi les autres choses que je ne crois pas mériter : une rémunération, de l'intimité, la capacité de posséder mon propre argent, un meilleur salaire.
4. Mes parents m'avaient promis une allocation en échange de mes diverses tâches dans la maison. J'ai assumé mes responsabilités et ils m'ont donc donné de l'argent comme ils me l'avaient promis. Mes parents me payaient tous les vendredis. Parfois, ils m'empruntaient de l'argent, mais ils me le rendaient rapidement. J'aimais bien le fait d'avoir de l'argent qu'ils pouvaient m'emprunter.
5. Messages tirés de la nouvelle expérience :
   - Je mérite l'argent que j'ai gagné.
   - C'est bon d'avoir de l'argent.
   - Mon argent m'est toujours rendu.
   - Je partage mon argent en sachant qu'il me sera rendu.

ANNEXE B

Méditation sur le travail idéal

Pour une expérience optimale, enregistrez la méditation suivante sur une cassette ou un CD :

Je ferme les yeux et je respire profondément. J'imagine que c'est le matin. Je vais bientôt aller travailler. J'ai trouvé l'emploi idéal.

Il est temps de me préparer pour une autre journée de rêve. En ouvrant les yeux, je jette un coup d'œil au réveil-matin. Je me prépare pour la journée. Je prends conscience de ce que je fais en me préparant pour mon emploi idéal. Je me dirige vers ma commode ou ma garde-robe. Je remarque quel genre de vêtements je porte pour ce travail idéal. Qu'est-ce qui compte dans mon choix de vêtement ? L'apparence, le confort ou les deux ? J'observe mes gestes, tandis que je réunis les choses que je dois apporter avec moi au travail, si j'en apporte.

Je quitte la maison et monte dans mon automobile. Quelle sorte d'auto est-ce ? Est-elle d'une marque ou d'une couleur particulière ? En route vers le travail, je prends note du temps qu'il me faut pour m'y rendre. Le trajet est-il long ou court ? Je me vois arriver au travail et garer mon automobile dans l'espace qui m'est réservé.

J'aperçois l'immeuble ou le lieu de travail que j'ai choisi. À quoi ressemble-t-il vu du stationnement ? Je me vois sortir de l'automobile et me diriger vers l'entrée. En me rendant à mon poste de travail, y a-t-il des gens que je croise ?

Je me vois en train de me préparer au travail. Comment est-ce que je choisis de commencer la journée ? Je parviens maintenant à mon poste de travail et je l'examine. À quoi ressemble-t-il ? Je remarque les bruits ou les odeurs. Je me concentre sur ce que je ferai ce jour-là. À quoi est-ce que j'occupe habituellement mes avant-midi ? Je remarque que le temps passe vite à mon emploi idéal.

C'est l'heure du midi. Qu'est-ce que je fais habituellement ? Est-ce que je mange au bureau ou au restaurant ? Est-ce que je mange seul ou avec un collègue de travail ? La pause du midi me permet de reprendre des forces pour le reste de la journée.

Ma journée de travail idéale se poursuit. Je jette un coup d'œil à l'horloge et constate qu'il est presque temps de partir. Je souris, car c'est le jour de paye. Il y a une enveloppe pour moi. Je l'ouvre et j'y trouve mon chèque pour les deux dernières semaines. Je jette un regard admiratif sur les chiffres qui précèdent le signe de dollar. Je n'arrive toujours pas y croire : c'est fou le salaire que je gagne pour un travail qui me passionne tant. Je range le chèque dans un endroit sûr.

C'est le temps de partir. Je range les choses. J'éteins la lumière. Je quitte l'immeuble. Et je monte dans mon automobile. Je me sens si bien. J'ai eu une journée idéale en occupant mon emploi idéal ! J'ai hâte à ma prochaine journée de travail. Quelle chance j'ai d'occuper cet emploi !

LECTURES SUGGÉRÉES

BAN BREATHNACH, Sarah. *L'abondance dans la simplicité : la gratitude au fil des jours*, Montréal, éd. du Roseau, 1999.

BOLLES, Richard Nelson et BOLLES, Mark Emery. *De quelle couleur est votre parachute ? Un guide pratique pour les gens en recherche d'emploi et en changement de carrière*, Repentigny, Québec, éd. Reynald Goulet, 2003.

CARLSON, Richard. *Don't Worry, Make Money: Spiritual and Practical Ways to Create Abundance and More Fun in Your Life*, New York, Hyperion, 1998.

CHOQUETTE, Sonia. *Les vrais désirs : apprenez à créer la vie que votre cœur réclame*, Montréal, éd. du Roseau, 1998.

CLASON, George S. *L'homme le plus riche de Babylone*, Beloeil, Québec, éd. Un monde différent, 1979.

DOMINGUEZ, Joseph et ROBIN, Vicki. *Votre vie ou votre argent : comment transformer votre relation avec l'argent et atteindre l'indépendance financière*, Montréal, éd. Logiques, 1997.

DYER, Wayne W. *Accomplissez votre destinée : neuf principes sacrés pour obtenir tout ce que vous voulez*, Outremont, Québec, éd. Carte blanche, 1998.

GAWAIN, Shakti. *Techniques de visualisation créatrice : utilisez votre imagination pour atteindre vos buts*, Genève, éd. Soleil, 1988.

HILL, Napoleon. *Réfléchissez et devenez riche*, Montréal, éd. Le Jour, 1988.

JOHNSON, Spencer. *Qui a piqué mon fromage ? Comment s'adapter au changement au travail, en famille et en amour*, Neuilly-sur-Seine, éd. Michel Lafon, 2000.

LORE, Nicholas. *The Pathfinder: How to Choose or Change Your Career for a Lifetime of Satisfaction and Success*, New York, Fireside, 1998.

MUNDIS, Jerrold. *How to Get out of Debt, Stay out of Debt and Live Prosperously*, New York, Bantam Books, 1988.

ORMAN, Suze. *Les 9 étapes vers l'autonomie financière : guide pratique et spirituel pour éliminer vos problèmes financiers*, Varennes, Québec, éditions AdA, 2003.

PETERSON, Ellen. *Choosing Joy, Creating Abundance: Practical Tools for Manifesting Your Desires*, St. Paul, Minnesota, Llewellyn Publications, 2004.

PIPER, Watty. *The Little Engine That Could*, New York, Grosset & Dunlap, 1978.

PONDER, Catherine. *Les lois dynamiques de la prospérité*, Saint-Hubert, éd. Un monde différent, 1996.

_____. *Ouvrez-vous à la prospérité*, Saint-Hubert, éd. Un monde différent, 1998.

RUIZ, Don Miguel. *Les quatre accords toltèques : la voix de la liberté personnelle*, Saint-Julien-en-Genevois, éd. Jouvence, 2000.

SCHECHTER, Harriet. *Let Go of Clutter*, New York, McGraw-Hill, 2001.

TIEGER, Paul D. & BARRON-TIEGER, Barbara. *Do What You Are: Discover the Perfect Career for You Through the Secrets of Personality Type*, 3rd ed, Boston, Little, Brown, 2001.

WHITE, Carolyn J. *Debt no More: How to Get Totally Out of Debt Including Your Mortgage*, Springfield, Virginia, Clifton House Publishing, 1998.

WILKINSON, Bruce. *La prière de Jaebets : à la découverte de la vie bénie*, Nîmes, éd. Vida, 2002.

Il est difficile d'être déçu lorsque us vivez ds l'abondance.

L'Univers reponds tjp par un oui.

Pour obtenir une copie de notre catalogue :

Éditions AdA Inc.

1385, boul. Lionel-Boulet, Varennes, Québec, J3X 1P7
Téléphone : (450) 929-0296, Télécopieur : (450) 929-0220
info@ada-inc.com
www.ada-inc.com

Pour l'Europe :
France : D.G. Diffusion Tél.: 05.61.00.09.99
Belgique : D.G. Diffusion Tél.: 05.61.00.09.99
Suisse : Transat Tél.: 23.42.77.40

L'utilisation de 1 297 lb de Rolland Enviro100 Édition plutôt que du papier vierge réduit votre empreinte écologique de:

Arbres: 11
Déchets solides: 318 kg
Eau: 30 059 L
Matières en suspension dans l'eau: 2,0 kg
Émissions atmosphériques: 698 kg
Gaz naturel: 45 m³

www.AdA-inc.com
info@AdA-inc.com

100%

PERMANENT

Imprimé sur Rolland Enviro100, contenant 100% de fibres recyclées postconsommation, certifié Éco-Logo, Procédé sans chlore, FSC Recyclé et fabriqué à partir d'énergie biogaz.